基礎演習ゼミ

憲法

大林啓吾・手塚崇聡・小林祐紀 編著

青木洋英・青野篤・新井貴大・石田若菜・内田暁・上田宏和・岡根好彦・
小川有希子・小林伸一・菅谷麻衣・牧野〔 〕・三和結佳 著

みらい

はじめに

　あなたは次のようなトピックについて、自分なりの解決策を提示することができるでしょうか。たとえば、インターネット上で個人情報が拡散された場合にどのようにそれに対応することができるでしょうか、同性カップルに法律上の婚姻を認めないことは憲法に違反するでしょうか、動物や胎児などにも人権を認めることはできるでしょうか。

　このようなトピックについて、一度はメディアなどで触れたことのある方も多いと思います。ところが、ここで問われている法的（憲法または人権）問題を説明し、また自分なりの解決策を提示することができる方は少ないかもしれません。中学や高校でも憲法や人権を学んでいますし、またすでに憲法の基本書などで学ばれたり、大学の講義で学修したりした方もいると思います。しかし、そこで得た学び（たとえば、プライバシーの権利の意義など）を、いざ先ほどのような実際の問題に当てはめようとすると、なかなか答えを導くことは難しいのではないでしょうか。

　本書は、このような問題に対して、自分なりの解決策を模索して、主体的に学ぶための実践的な内容と方法を提供しています。主に法学部などの基礎ゼミでの利用を想定していますが、その学びのために、本書ではいくつかの仕掛けを施しています。

　まず、1つめに、「学ぶための技法」「トピックから学ぶ」「リーガル・プラクティス」という3編で構成しています。これは、演習授業で求められる技術を土台に、憲法にかかわるトピックを実践的に学び、さらにそこで得た学びを実体験してもらうことで、重層的に学んでもらうことを想定しています。2つめに、「トピックから学ぶ」では、レベルに応じた学びを想定しています。判例に慣れていない方は初級から始め、慣れてきたら中級、そして上級へと、段階的に学んでいくことができます。3つめに、「ロールプレイング」として模擬裁判を用意しています。法的問題についての自分なりの解決策を考えるだけでなく、それを実体験することができます。

　実はこのほかにも実践的な学びの仕掛けがありますが、それは本書を手に取っていただくと気づいていただけると思いますので、ぜひ探してみてください。本書によって、憲法問題を解決するための実践的で主体的な力を身につけていただけることを願っています。

　2024年2月

　　　　　　　　　　　　　　　　　　　　　　　大　林　啓　吾

　　　　　　　　　　　　　　編著者　　手　塚　崇　聡

　　　　　　　　　　　　　　　　　　　　　　　小　林　祐　紀

執 筆 者 一 覧

執筆順、＊印：編者

内田　暁（帝京大学法学部准教授）──────────── 第1章

三和　結佳（常葉大学法学部准教授）──────────── 第2章

青木　洋英（沖縄国際大学法学部講師）──────────── 第3章

＊ 小林　祐紀（琉球大学大学院法務研究科准教授）──────────── 第4章

上田　宏和（創価大学法学部講師）──────────── 第5章

牧野　力也（松山大学法学部准教授）──────────── 第6章

石田　若菜（駿河台大学法学部准教授）──────────── 第7章

＊ 手塚　崇聡（千葉大学大学院社会科学研究院教授）──────────── 第8章

新井　貴大（新潟県立大学国際地域学部講師）──────────── 第9章

小林　伸一（清和大学法学部教授）──────────── 第10章

小川　有希子（帝京大学法学部助教）──────────── 第11章

＊ 大林　啓吾（慶応義塾大学法学部教授）──────────── 第12章

岡根　好彦（阪南大学経済学部教授）──────────── 第13章

菅谷　麻衣（拓殖大学政経学部准教授）──────────── 第14章

青野　篤（大分大学経済学部教授）──────────── 第15章

iv

目 次

第Ⅱ編　トピックから学ぶ

初級編　新聞記事を素材に

上級編 判例比較・法理

第12章　表現の自由 ──────────────────────── 127
──ビラ配りはどこまで自由に行えるのか？

第13章　統治行為 ──────────────────────── 137
──裁判所は政治問題についてどこまで判断できるのか？

第14章　選挙権 ──────────────────────────── 148
──選挙権はどのような権利だろうか？

第Ⅲ編　リーガル・プラクティス

第15章　模擬裁判 162
——刑事裁判を理解し、実践する

本書を活用される教員のみなさまには、解答例を弊社ホームページ (「書籍サポート」) からダウンロードいただけます。
https://www.mirai-inc.jp/

▶ **判例の略語**

- 最判　　　→ 最高裁判所判決
- 最決　　　→ 最高裁判所決定
- 最大判　　→ 最高裁判所大法廷判決
- 最大決　　→ 最高裁判所大法廷決定
- 高判　　　→ 高等裁判所判決
- 地判　　　→ 地方裁判所判決
- 高○○支判 → 高等裁判所○○支部判決
- 地○○支判 → 地方裁判所○○支部判決

▶ **判例集・雑誌などの略語**

- 民集　　　→ 最高裁判所民事判例集
- 刑集　　　→ 最高裁判所刑事判例集
- 行集　　　→ 行政事件裁判例集
- 高民集　　→ 高等裁判所民事判例集
- 高刑集　　→ 高等裁判所刑事判例集
- 下民集　　→ 下級裁判所民事裁判例集
- 集民　　　→ 最高裁判所裁判集民事
- 判時　　　→ 判例時報
- 判タ　　　→ 判例タイムズ
- LEX/DB　→ TKC法律情報データベース

第Ⅰ編
学ぶための技法

本編では、演習系科目を受講するにあたって必要となる、発表（プレゼンテーション）の準備やその仕方、レポート作成の方法を学びます。

第**1**章

発表の技法
発表に向けて、どのような準備が必要か？

「今度、演習系の科目で判例の発表をすることになったんだけど、どうすればいいの…？」
「先生に発表用の資料を用意してくれっていわれたけど、どうやってつくったらいいんだろう…？」

このような悩みは、大学に入学して初めて演習系の授業を履修した学生が少なからず直面するものではないかと思います。

本章では、このような悩みを抱える人への手助けとなるよう、演習系科目での発表の仕方などについて解説していきます。まず初めに、少々回り道になるかもしれませんが、そもそも演習系科目とはどのようなものなのか、なぜ演習系科目においては発表というものがあるのかという問題について考えておきましょう。そのあと、実際にどのように発表すればよいのか、その仕方を説明していきます。

1 「演習」ってなに？

1. 講義形式の科目の特徴

*1　もっとも、講義形式の科目でも、受講生が完全に受け身であるかといえば、そうではありません。問題意識や関心を持って受講することは大切ですし、講義で聴いた内容について、自分でさらに考えたり教員へ質問したりすることも大事です。その意味で、受講生は講義形式の科目においても一定程度の主体性を持って臨むことが望ましいといえるでしょう。

みなさんが普段受講している科目は、いわゆる講義形式の科目ではないかと思います。講義形式の科目では、（多くの場合には）大きな教室で、一人の教員が大人数の受講生に対して、教科書やテキスト、レジュメなどの教材を用いて授業をします。このとき、受講生であるみなさんがするべきことは、基本的には、教員が話している内容をきちんと受容することです。別のいい方をすれば、講義形式の授業では、受講生は受け身の姿勢でいることが多いということです*1。

講義形式の科目では、当該科目において伝達するべき知識や情報を教員から受講生へと効率よく伝えることが最も大切な目的となりますので、このような形を取ることが多いのです。要するに、講義形式の科目は一方向的・受動的な科目であるといえます。

2. 演習系科目の目的

　これに対して、演習系科目の目的は、教員から受講生へと知識や情報を伝達することではありません。上述したように、通常の講義系科目では、受講生は受け身になりがちです。また、限られた時間内に多くの知識を伝達しなければならないという講義系科目の特性から、一つひとつのトピックを深く掘り下げることには限界もあります。これに対して演習系科目では、「主体的に学ぶこと」や「深く考えること」が大切になってきます。演習系科目では、受講生が主役です。あるテーマについて自ら調査し、学び、考える過程で、受講生はより深い知識を得ることができるのです。

　また、演習系科目では、ほかの参加者との議論も重要な要素となってきます。講義形式の授業では、受講生同士で議論をする機会は多くはありません。他方で演習系科目では、ほかの参加者との議論を通じて自分の見解を相対化したり、自分一人では気がつかなかったような観点や着想を得たりすることができます。しかし、議論を有意義なものにするためには、自分の意見をしっかりと持ち、その意見を他者にわかりやすく伝えることが必要です。また、自分の意見を相手に押しつけたり、相手を論破しようとしたりするのでは、有意義な議論はできません（議論と口論は違います）。したがって、演習系科目では、プレゼンテーション（発表）やディスカッション（議論）の方法についても学び、訓練することになります。

3. 演習系科目の特徴

　要するに、演習系科目では、受講生が講義などを通じて習得した知識をさらに深めることや、それらをふまえて自分で問題を発見したり、自分なりの見解を提示できたりするようになること、さらには他者との議論を通じて自分の見

教員から受講生へと一方向的に知識の伝達が行われる

図1−1　講義系科目のイメージ

受講生による発表をふまえて、ほかの参加者も交えたディスカッションが行われる

図1−2　演習系科目のイメージ

解を相対化したり、新たな視点や見識を獲得することが目的となります。そして、このような目的を達成するために、演習系科目では、受講生による発表と、それに基づいたディスカッションという形式が取られることが多いのです。つまり、演習系科目は双方向的・能動的な科目であるといえます。

4. 何事も準備が大事！

このように、講義系科目と演習系科目とでは、その目的とするところが大きく異なるために、そこで採用される授業の形態も大きく異なってくるのです。ここで改めて、演習系科目の流れを確認しておきましょう。先に触れたように、演習系科目では受講生があるテーマについて発表するわけですが、その前提として、①まずは報告すべきテーマを設定しなければなりません。次に、②そのテーマについて調査をする必要があります。さらに、③その調査した内容をまとめた資料を作成しなければなりません。そのようにしてやっと発表の準備が整います。あとは、④その資料を用いて発表し、その発表をふまえて、⑤参加者全員でディスカッションをして、議論を深めていくことになります。

図1-3の流れのうち、ゼミの本番は、④発表と⑤ディスカッションということになるでしょう。もっとも、ディスカッションは発表をふまえてなされるものですから、ディスカッションが盛り上がり、意義のある議論になるためには、発表がしっかりとしたものでなければなりません。そして、発表がしっかりとしたものになるかどうかは、③でつくられる資料の良し悪しにだいぶ左右されてしまいます。さらにいえば、資料がよいものになるためには、その前提となる②調査が十分に行われていることが必要となりますし、そもそも、①のテーマ設定が適切なものでなければなりません。要するに、当たり前のことですが、準備をきちんと整えておかないとよい発表にはならないということですね。

以上のうち、②の調査の方法については本書の第2章において学習することとして、本章では、②以外の項目、特に③に重点を置いて解説していきたいと思います*2。ここでは、演習系科目の担当教員から、判例について発表するようにテーマを設定された場合を想定して話を進めていきます*3。

＊2 発表にあたってどのような調査をするべきか、どのような資料を作成するべきかは、発表するべきテーマによって異なります。たとえば、ある法律学上の論点について発表する場合や、ある研究論文の内容について発表する場合、ある重要判例について発表する場合では、調査や資料作成の仕方も違います。

＊3 演習系科目には、これから解説するような「判例発表型」のほかに、ある法律学上の論点について掘り下げて研究する「トピック型」、司法試験の論述問題などを題材にする「演習型」、実際の裁判の流れを追体験する「模擬裁判型」などがありえます。本書の第Ⅱ編は「トピック型」を、第Ⅲ編は「模擬裁判型」念頭に置いたものになっています。

図1-3 演習系科目の進行イメージ

② 発表用の資料（レジュメ）作成

1. | レジュメとはなんだろう

1 こんな資料・発表、どう思う？

　ここからは発表用資料の作成方法について解説していきたいと思います。ただ、具体的なノウハウのお話しに入る前に、まずは次のような事例についてどう思うか、みなさんに少し考えてみてほしいと思います。

> 　Aさんは、ある演習系科目で憲法の判例*4について発表することになりました。まじめなAさんは、発表用資料を作成するにあたって、その判例の判決文を読み、そこに記載されている事実関係をそのまましっかりと書き写し、また裁判所の判断の内容についても、判決文に記載されているものを全部書き写しました。最後にAさんは、判決文を読んだ感想を書いて「資料完成！」としました。そうしてできあがった資料は、判決文をほとんどそのまま転載したために十数ページにも及ぶ重厚なものになりました。また、Aさんは、発表の際にその資料を全部読み上げたため、発表に1時間半近くかかってしまいました。

　さて、Aさんのつくった重厚な資料は適切なものだったでしょうか。もし適切でないとしたら、どこがマズかったのでしょうか。もしみなさんが、Aさんの発表を聴いたとしたら、どのように感じるでしょうか。考えてみましょう。

　さて、発表に際して参加者に配布される資料は、しばしば**レジュメ**と呼ばれます。レジュメ（フランス語でrésumé）とは、**要約**や**概要**といった意味です（以下では、発表用の資料のことをレジュメといいます）。つまり、発表用のレジュメは発表の内容を簡単にまとめたものであるということになります。判例について発表するなら、その判例の**事案の概要**をまとめたり、また裁判所の判断のなかでも特に重要な点を**判旨**として要約したりする必要があります。

2 Aさんのレジュメの改善点

　Aさんの資料は判決文をほとんどそのまま書き写したものであり、要約・概要にはなっていません。このような資料で発表してもらっても、聴いている側としては、どこがその判例の重要なポイントなのか（どの点について議論、検討するべきなのか）把握しにくいですよね（それに、眠くなってしまいそうです）。

　また、Aさんの資料からは、判例について発表する際に触れておいてほしいポイントがスッポリと抜け落ちてしまっています*5。これは、Aさんが、「判例

*4　実は、「判例」とはなにかというのも、むずかしい問題です。広い意味では、上級審や下級審を問わず、「裁判所によってこれまでに下された判決」という意味で判例ということもありますが、より狭く、「先例としての拘束力を持ちうる最高裁判所の判決」のみを指して判例ということもあります（この場合、下級審の判決を判例とは区別して「裁判例」などということもあります）。

*5　判例発表の際に触れてほしいポイントについては、後の解説を参考にしてください (p.6)。

を発表するとはどういうことか」という点について十分に把握できていなかったからだと思われます。

　仮にＡさんがこのような資料を用いて発表をしたとしても、残念ながらディスカッションは盛り上がらないでしょう（あるいは、議論すべきポイントとは違った点に議論が集中してしまうかもしれません）。そもそも、発表に１時間半近くも時間をかけてしまったら、ディスカッションのための時間がほとんど残らないかもしれません。これでは、せっかくまじめに資料を準備したのに、もったいないですよね。

　それでは、Ａさんとしてはどのような資料をつくるべきだったのでしょうか。以下では、Ａさんにアドバイスをするつもりで、判例発表のレジュメのつくり方について解説していきましょう（本章末の「レジュメ見本」（p.12）も参照しながら読んでください）。

2.　タイトルをつけよう！

　まずは、発表の**タイトル**をつけましょう。タイトルをつける際には、発表する判例がどのような事案なのかがすぐにわかるよう、簡潔で簡明なものにしましょう。判例評釈などの記載を参考にしてもよいでしょう*6。

*6　判例評釈については、第２章（p.23）を参照してください。

　また、発表する判例を特定するために、その判例がどこの裁判所によっていつ下された判決なのか、どこに掲載されているものなのかを示すようにしましょう。たとえば、最高裁判所の判例で、「最高裁判所民事判例集（民集）」に登載されているものであれば、その判決の下された年月日と、その判決が登載されている民集の巻号頁数を記載するようにしましょう。

3.　問題の所在や前提を確認しておこう！

　判例の内容紹介に入る前に、必要であれば、**問題の所在**や前提的な知識を確認しておきましょう。たとえ発表する判例が有名なものであったとしても、参加者には初めて聞くという人もいるかもしれません。また、複雑な事案で、参加者が前提的な知識を共有できていないと事案の問題点が十分に伝わらないという場合もあるかもしれません。参加者と問題の所在や前提的な知識を共有できていないと、後のディスカッションの際にその点に関する質問が多く出てしまい、なかなか本題に入れないといった事態になってしまうかもしれません。そのような場合には、あらかじめ発表する判例がどのような問題にかかわるものなのか、どのような知識をふまえて発表を聴いてほしいのかを簡単に示しておくとよいでしょう。

4.　事案の概要をまとめよう！

いよいよ事案の概要をまとめていくわけですが、その際にはいくつかの点に注意しましょう。

まず、事案の概要をまとめる際には、かならず**判決の原文**をよく読んでからまとめるようにしましょう*⁷。発表するべき判例が最高裁の判決であるならば第一審判決や第二審判決も、控訴審の判決であるならばその原審である第一審の判決も、きちんと読むようにしましょう。事案の概要をまとめる際には、判例評釈などの解説記事を参考にしてもかまいませんが、それらの解説記事は判決文そのものではありませんので、注意してください。

事案の事実関係をまとめる際には、「当事者の主張する事実」ではなく、「裁判所の認定した事実」に注目するようにしましょう*⁸。裁判の当事者が事実関係についてする主張は、しばしば食い違います（ある事実について、原告は「あった！」といい、被告は「いや、なかった！」というかもしれません）。そこで当事者は、証拠を提出して自分の主張する事実があったことを裁判所に納得してもらおうとし、また裁判所は、当事者の主張と証拠をよく吟味して事実関係を認定していきます。そして、裁判所が認定した事実こそが、その事案の前提となる事実関係になります*⁹。判例について発表する際には、この裁判所の認定した事実に基づいて事案の概要をまとめるべきなのです。

なお、事案の概要をまとめる際には、裁判所の認定した事実をそっくりそのまま機械的にレジュメに書き写すのではなく、ポイントを押さえて要約するように心がけましょう。また、たとえば、原告をX、被告をY、それ以外の登場人物をA、B、C……として記号で整理したり、当事者の関係図を作成したり、時系列を視覚化したりするとわかりやすくなるのでオススメです。

＊7　判決文の入手方法については、第2章（p.20）を参照してください。

＊8　事実問題と法律問題をあわせて審理する審級を**事実審**といい、事実審のした裁判の法令違反のみを審理する審級を**法律審**といいます。民事事件の場合には、第一審と控訴審が事実審であり、上告審（最高裁）は法律審となります。

＊9　裁判所の認定した「事実」がその事案に関する「真実」であるとは限りませんので、ご注意ください。裁判所が認定した事実というのは、あくまでも裁判所が法律を適用するための前提として証拠などによって認定した事実という意味にすぎないのであって、「実際のところはどうだったのか」とは必ずしも一致しないのです。

5.　争点と当事者の主張をまとめよう！

事案の概要をまとめたら、次にその事案の**争点**を確認し、その争点に対して当事者がそれぞれどのような**主張**をしているのかをまとめましょう。なお、ここでいう争点とは**法的な争点**（ある法律の条文をどのように解釈するべきか、被告は原告にある義務を負担していたと評価できるか否かなど）のことであり、先に述べた事実関係の有無に関する当事者の認識の相違などとは異なりますので、注意しましょう。また、必要に応じて当事者の主張を図表の形にしてまとめるなど、視覚的にわかりやすくする工夫をするとよいでしょう。

6.　争点に対する裁判所の判断をまとめよう！

レジュメ見本：4.

　事案の概要をまとめ、争点と当事者の主張を確認したら、いよいよ**裁判所の判断**をまとめていきます。ここでも、裁判所の下した判決をそのまま全部抜き書きするというのではなく、あくまでも「争点に対する裁判所の判断」に的をしぼってまとめるようにしましょう。その際には、判決の結論（原告の請求が認められた／退けられた）だけではなく、その結論に至った過程や理由の部分もまとめるようにしましょう（必要であれば、判決の大事な部分を引用として抜き書きしてもよいでしょう）。

　なお、発表する判例が最高裁の判決の場合には第一審判決や第二審判決についても、発表する判例が控訴審の判決の場合にはその原審である第一審の判決についても、まとめるようにしましょう（もっとも、これらについては「事案の概要」に落とし込んでしまってもいいかもしれません）。また、最高裁の判決には、裁判所の多数意見のほかに、各裁判官の「補足意見」や「反対意見」、「意見」が付されている場合があります[10]。その場合には、これらの各種意見についてもまとめましょう。

＊10　最高裁の判決には、多数意見だけでなく、各裁判官の意見が付される場合があります（裁判所法11条を参照）。多数意見に加わった裁判官が判決理由などについてさらに詳しく説明するために付すのが**補足意見**、多数意見と結論は同じだけれども理由づけを異にするのが**意見**、多数意見と理由づけも結論も異なるのが**反対意見**です。

7.　発表した判例について検討を加え、私見を提示しよう！

レジュメ見本：5.

　裁判所の下した判決内容をまとめたら、次に、その**判決の意義**について考えてみましょう。ここで「判決の意義」というのは、「その判決が従来の判例や学説との関係で持つ意味」という趣旨です。はたしてその判決は、従来の判例の延長線上に位置づけられるものなのでしょうか、それともなにか新しい理論を打ち出したものなのでしょうか。その判決が取り組んだ問題について、学説ではどのような議論があったでしょうか。その判決は、そういった学説における議論を反映したものだったのでしょうか。こういったことについて考えることが、「判決の意義」について考えるということなのです（たとえば、最高裁とその原審とで判断が分かれた場合には、なにが判断を分ける要素となったのかを分析してみるのもよいでしょう）。したがって、判決の意義について考えるためには、従来の判例にはどのようなものがあったのか、また学説にはどのような見解があったのかを判例評釈や判例解説、教科書や体系書、学者の執筆した論文などにあたって調査し、まとめておくことが必要になります[11]。

＊11　文献や論文などの検索・収集方法については、第2章 (p.15) を参照してください。

　このようにして判決を分析したら、それをふまえて自分の見解（**私見**）を提示してみましょう。発表者の私見が、このあとに続くディスカッションのたたき台になります。今回取り上げた判決を、発表者としてはどのように評価するでしょ

うか。判決の結論は妥当だったでしょうか。そこで採用された理論は妥当だったでしょうか。また、（少し難しいかもしれませんが）その**判決の射程**＊12はどこまで及ぶものでしょうか。こういった点について、判例評釈なども手がかりにしながら考えて、参加者に私見を投げかけてみましょう。

＊12　**判決の射程**
　判決の射程とは、その判決において示された法命題をどの程度まで一般化できるかという問題です。たとえば、ある判決において、ある事実関係が特に重視されたとしましょう。その場合、その事実関係とは異なる事実関係がある事案には、その判決の射程は及ばないかもしれません。これが、判決の射程について考えるということです。

8.　参考文献をきちんとあげよう！

　これまでの解説からもわかるように、ある判例について発表する際には、その判例だけを読めばよいというわけではありません。前提となる知識を確認するためには教科書や体系書を読み直すことが必要になるでしょうし、判例の意義を分析するためには関連する判例や学説、評釈類などを読まなければなりません。要するに、判例について発表するためには、さまざまな文献に目を通し、それらを参考にしなければならないということです。そして、このように参考にした文献については、レジュメの末尾で必ずあげるようにしましょう。実際にはほかの人の文献を参考にして書いているにもかかわらずそれを示さないでいることは、**剽窃**＊13という不正行為にあたります。参考文献は、必ずあげるようにしましょう。なお、引用文献や参考文献のあげ方には学問分野ごとにさまざまな方法がありますが、法律学の分野ではおおよそ次のようにすることが多いです＊14。

＊13　**剽窃**
　剽窃とは、ほかの人の書いた文献などから適切な引用をせずに、あたかも自分で書いたかのようにして書き写してしまう行為（いわゆるコピペ）のことです。ほかの人の文献から引用する際にはカギカッコ（「」）でくくるなどして、引用した文章と自分で書いた文章とを区別したうえで、引用元の文献をきちんとあげるようにしましょう。

＊14　ここで紹介するものは、参考文献のあげ方のごく一部です。より詳細に知りたい人は、田髙寛貴・秋山靖浩・原田昌和『リーガル・リサーチ＆リポート　法学部の学び方』（有斐閣、第2版、2019年）、武藤眞朗・多田英明・宮木康博『法を学ぶパートナー』（成文堂、第4版、2020年）などの書籍を参照してください。

参考文献のあげ方（例）

▶ **書籍の場合**
　　著者名『書籍名』（出版社、版表示、発行年）頁数
　　例：芦部信喜（高橋和之補訂）『憲法』（岩波書店、第8版、2023年）113頁以下

▶ **論文の場合**
　　著者名「論文名」掲載雑誌・文献など　巻　号（発行年）頁数
　　例：小山剛「憲法上の権利の私人間効力」法学教室452号（2018年）33頁

▶ **判例評釈などの場合**
　　執筆者名「判批」（最高裁判所の判例解説については「判解」とする）掲載雑誌・
　　文献など　巻　号（発行年）頁数
　　例：川岸令和「判批」長谷部恭男・石川健治・宍戸常寿編『憲法判例百選Ⅰ』（有
　　　斐閣、第7版、2019年）22頁
　　　富沢進「判解」最高裁判所判例解説民事編（昭和48年度）302頁

---

❸ 発表やディスカッションの仕方について

1. 発表の際の心構えなど

　レジュメの作成が終わったら、いよいよ発表です。発表者は、必要であれば、手元に詳細なメモ（手控え）や発表用原稿を用意しておくとよいでしょう。ただし、手控えなどを用意する場合でも、たんにそれを読み上げる形で発表するのは、あまりよろしくありません。顔を上げて、参加者の様子を見ながら、教室の後ろのほうにまで届く声で、はっきりと、わかりやすく、早口にならないように発表するように心がけましょう（必要に応じてマイクなどを使用してもよいでしょう）。

　参加者は、発表を聴いていてわからなかったり疑問を感じた箇所にアンダーラインを引いたり、適宜メモを取ったりしながら発表を聴き、後のディスカッションに備えましょう。間違っても、発表の最中に居眠りをしたり、スマートフォンで遊んだりすることのないように注意してください（こういった行為は、一生懸命準備をして発表に臨んでいる発表者に対してとても失礼です）。

2. ディスカッションの際の心構えなど

　次に、ディスカッションの際の心構えについても簡単に触れておきましょう。発表者は、発表が終わったら、参加者との質疑応答に臨むことになります。参加者から質問が出たらメモを取りながら聞き、応答しましょう。ぜひ心に留めておいてほしいのですが、質問が出ることはけっして悪いことではありません。演習系科目における発表の役割は、ディスカッションのためのたたき台として、参加者からの質問を促すことにあります。つまり、質問が出る発表はよい発表だということです。ときどき発表後に「参加者からの質問が出なくてよかった」と胸をなでおろす人がいます。質問されると緊張してしまうという気持ちはわかりますが、むしろ発表者としては参加者からの質問を歓迎する態度で臨むべきなのです。

　参加者は、発表を聴いていて疑問に感じた点などについて、発表者に積極的に質問してディスカッションに参加するようにしましょう。質問の内容は、発表の本筋にかかわるものであることがもちろん望ましいのですが、それ以外にも、たとえば、発表を聴いていてわかりにくかった点などを確認するために質問してもよいでしょう。ときどき、「こんな簡単な質問をしてはいけないのではないか」とか、「誰かほかの人が質問してくれるだろう」という気持ちから、質問することをためらってしまう人がいます。たしかに手をあげて質問を発するのは、と

ても緊張することかもしれません。質問するのをためらう気持ちもわかります。しかしこれは、もったいないことです。もしかしたら、ほかの人も同じような疑問を持っているのにもかかわらず、やはり同じように「誰かほかの人が……」と考えて質問していないのかもしれません。このようなときに質問をすることは、質問をした自分だけでなく、同じような疑問を持っているかもしれないほかの人のためにもなり、ひいてはクラス全体のためにもなります。ささいなことでもかまいません。ぜひ、積極的に質問して、ディスカッションを盛り上げましょう。

　最後に、ディスカッション（議論）と口論とを間違えないように注意しましょう。先にも触れたように、演習系科目におけるディスカッションの目的は、自分の見解を相対化したり、自分一人では気づかなかったような新たな観点や着想を得たりすることにあります。けっして相手を言い負かしたり論破したりすることが目的ではありません。ディスカッションに際しては、高圧的な態度はとらず、相手の意見をしっかりと聴き、そのうえで冷静に自分の見解を提示するようにしましょう。ぜひ、有意義なディスカッションを楽しんでください。

憲法の規定が私人間に適用されるかが争われた事案

田中太郎（仮名）

◆ 三菱樹脂事件（最大判昭和48年12月12日民集27巻11号1536頁）

1. 問題の所在（前提の確認）

　憲法が定める基本的人権に関する規定は、もともとは国家等の公権力から私人の権利や自由を守るためのものであると考えられてきた。ところが、資本主義経済が進展すると、私人のなかにも、経済的な力の強い者（たとえば大企業など。国家と肩を並べるような存在）と必ずしも力の強くない者（たとえば労働者など）が現れるようになり、前者によって後者の基本的な人権が脅かされるといった事態も生じるようになった。

　そこで、基本的な人権について定める憲法の規定が、私人間においても適用されるものかどうかが問題となった。

2. 事案の概要

　X（原告、被控訴人、被上告人）は、大学に在学中の昭和38年にY（被告、控訴人、上告人）の社員採用試験に合格し、翌年、大学を卒業すると同時にYに3か月の試用期間つきで採用された。ところがXは、この試用期間が満了する直前に、Yから本採用を拒否する旨を告げられた。……

 　本文 4. の記載を参考にして、事案の概要を簡潔にまとめましょう。

3. 争点および当事者の主張

（1）争点

　　基本的な人権について定める憲法上の規定（憲法19条・14条）が私人間にも適用されるか。

 　本文 5. の記載を参考にして、事案の争点を示しましょう。争点がいくつかある事案の場合には、発表で取り上げる争点をしぼってもよいでしょう。

（2）当事者の主張

　　〔原告〕

　　〔被告〕

4. 裁判所の判断

破棄差戻し（なお、差戻審において和解が成立した）。……

 本文 6. の記載を参考にして、争点に対する裁判所の判断をまとめましょう。

5. 検討

（1）関連する判例

 ① 日産自動車事件（最判昭和56年3月24日民集35巻2号300頁）

  〔事案の概要〕

  〔判旨〕

 ② 昭和女子大事件（最判昭和49年7月19日民集28巻5号790頁）

  〔事案の概要〕

  〔判旨〕

 ③ 百里基地訴訟（最判平成元年6月20日民集43巻6号385頁）

  〔事案の概要〕

  〔判旨〕

 ＊関連判例のまとめ

（2）学説における議論

 ① 直接適用説

 ② 間接適用説

 ③ 非適用説

 ＊学説のまとめ

（3）私見

 本文 7. の記載を参考にして、私見を提示しましょう。

6. 参考文献

● 富沢進「判解」最高裁判所判例解説民事篇（昭和48年度）302頁

● 川岸令和「判批」長谷部恭男・石川健治・宍戸常寿編『憲法判例百選Ⅰ』（有斐閣、第7版、2019年）22頁

● 芦部信喜（高橋和之補訂）『憲法』（岩波書店、第8版、2023年）113頁以下

● 小山剛「憲法上の権利の私人間効力」法学教室452号（2018年）33頁

第2章

調べ方の技法
レポート作成のためにどのように情報収集するのか？

　大学では、講義の学習のみならず、課題としてレポートや論文などを作成することが求められます。このとき、資料や文献から客観的な根拠としての情報を得て、事実に基づいた意見を明らかにすることが必要となります。つまり、レポートや論文を作成するためには、まず必要となる情報を収集しなければなりません。また、自ら積極的に学んでいくと、わからないことがたくさん出てきます。講義においても、教科書を理解するだけでなく、教科書に書かれていないことを自分で調べなければなりません。そこで本章では、大学図書館やインターネットを利用しながら、どのように情報収集すればよいのか、その方法を見ていきます。

1 情報収集と資料作成の流れ

1. リーガル・リサーチとは

*1　演習については、第1章 (p.2) を参照してください。

*2　レジュメの作成方法については、第1章 (p.6) を参照してください。

*3　卒業論文は、必要とされていない学部・学科もあります。略して「卒論」といいます。

　大学では、講義のほかにゼミと呼ばれる演習科目が設置されています*1。ゼミでは、テーマを決めてみんなで議論をしたり、調べたことを一人で発表したりすることがあります。特に個人発表においてはレジュメを用いて報告することになりますが、レジュメを作成する際には文献や資料が必要となります*2。

　法に関係する情報や資料を調べることを、**リーガル・リサーチ**といいます。具体的には、法令、判例、法律関係の書籍や雑誌を探すことを指します。大学では、1年生から、講義で簡単な報告やレポートを求められることもありますし、ゼミで判例報告や卒業論文（ゼミ論文）を作成する機会もあります*3。

2. テーマ設定

　ゼミの発表や課題レポートを作成する際のテーマ設定については、次の4つ

```
┌──────────────┐
│  テーマ設定    │  ● テーマを決める。
└──────────────┘  ● 興味を持てるか、テーマに関する資料を入手できるか。
                  ● テーマに関するキーワードを書き出す。
```

事前調査
┌──┐
│ テーマについて、過去に同じテーマの研究（先行研究）がなされていないか調べる。 │
└──┘
┌──┐
│ アウトラインの作成①　どのような内容にするのか考える。   │
└──┘

```
┌──────────────┐
│ 資料の検索・収集 │  ● 資料を探す。……必要な資料はなにか。不要な情報はなにか。
│ （リーガル・    │  ● 判例や文献を検索する。
│  リサーチ）     │  ● 大学図書館の所蔵を確認する。
└──────────────┘  ● 必要な資料や文献を印刷する。
```

```
┌──────────────┐
│  資料の整理    │  ● 入手した資料を読んでみて整理する。
└──────────────┘  ● 不足の情報はないか、入手した資料（情報）に信憑性はあるかなどを確認する。
```
┌──┐
│ アウトラインの作成②　整理した資料をもとにアウトライン①を見直す。   │
└──┘

図2−1　発表やレポート作成準備の大まかな流れ

の場合が考えられます。①教員側からテーマを与えられる場合（たとえば、弁護人の援助を受ける権利とはどのようなものか）、②判例報告（○○判決について調べ、その内容の報告をしたり、評釈をしたりする）をする場合、③事例問題（教員が架空の事案を作成し、それについて検討する）を課題とする場合、④自分でテーマを決める場合などがあります。

　そこでまず、情報収集のために手がかりとなる**キーワード**を見つけましょう。①は、テーマそのものがキーワードになります。②は、いつの判決かがわかっていればそれがキーワードになります。③は、実際の事案（判例）をもとに作成したり、重要な論点は授業で学習していたりします。④については、関心があるものや、教科書などを見てみましょう。それらをもとにキーワードを見つけ出すようにします。このように、キーワードをもとにして、**文献・論文**や**判例・裁判例**を探していくことになります。

② 資料を探そう——文献・論文・雑誌など

1. オンライン（インターネット）で探す

1 蔵書検索システム（OPAC）を利用する

　本のタイトルや著者名あるいは研究テーマなどキーワードがある程度わかっている場合は、蔵書検索システムを利用してみましょう。この検索システムをOPAC（オパック）と呼んでいます。OPACとは、Online Public Access Catalogの略称で、オンライン蔵書目録のことをいいます。

それぞれの図書館のOPACを利用すると、その図書館にどのような本や資料があり、どこに配架されているかを調べることができます。OPACに書名や著者名、調べたい内容に関するキーワードを入力して検索します。検索結果には書籍の請求番号が書いてありますので、それを手がかりに書架で探してみてください。

2　CiNiiを利用する

CiNii（国立情報学研究所学術情報ナビゲータ）とは、論文、図書・雑誌などの学術情報を検索できるデータベース・サービスです。どのような文献があり、それらがどの雑誌に収録されているのかといった学術情報を得るのに役立つ無料サイトです。検索した記事や論文の本文については、「機関リポジトリ」などのリンクがあるものは閲覧できます（提供サイトへのリンクが表示されます）＊4。ここでは、CiNiiを利用し、**雑誌論文**を探す方法を説明していきます。

＊4　それ以外のものは閲覧できないため、OPACで確認し、現物から本文を見ることになります。

◆ 雑誌論文の探し方（例）

① CiNii（https://cir.nii.ac.jp）にアクセスすると、次のような画面になります。フリーワード、タイトル、人物などいろいろな条件を組み合わせて検索することができます。

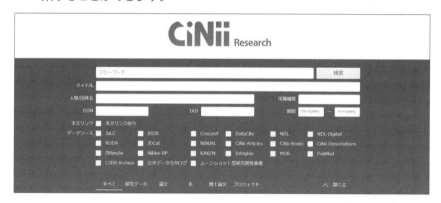

② 簡易な検索方法として、フリーワードにキーワードとなる語句を入れて検索します。ここでは、「弁護人の援助を受ける権利」について調べてみます。まず、「弁護人」というキーワードを入れて検索してみます。

③ これで検索すると、1,601件もヒットしました。そこで、さらにキーワードを追加してしぼってみます。人物名も入れられるので、たとえば、「小早川義則」と入力してみます。

④ このようにキーワードを追加して検索すると、ヒットするのは9件になりました。これくらいになれば、読みたい論文を見つけやすくなります。

⑤ 書籍1冊と論文8本が見つかりました。見たい論文が見つかったら、OPACを利用して図書館に所蔵してあるかを確認します。なお、左側の本のアイコンをクリックすると書誌情報を見ることができます。

3 そのほかのウェブサイト

資料を探す際、参考になるウェブサイトを表2−1で紹介します。インターネット上の情報のなかで信頼性の低いものは利用できませんが[5]、政府や地方公共団体、大学などの研究機関が配信するものはレポートなどの作成に利用できます[6]。

＊5 インターネット上の情報の利用については注意が必要となります。インターネットの情報は誰でも情報を配信でき、受信もできます。そのなかには、誰のどのような情報なのかわからないものがたくさんあります。

＊6 たとえば、各省庁が発表する白書の統計データがあります。白書とは、各省庁が社会の実態や施策の現状について国民に知らせる報告書です。『犯罪白書』や『環境白書』などがあります。

表2−1　無料で利用できるデータベース

名称	内容
Webcat Plus 国立情報学研究所 (NII)	「連想検索機能」によって、関心のある日本語の図書を検索できます。書誌情報や所蔵図書館情報が示されます。
J-STAGE 科学技術情報配信・ 流通総合システム	国内で発行された科学技術 (人文科学・社会学を含む) 関係の学術誌などの記事・論文を検索できます。
e-Gov 電子政府の総合窓口	日本の行政機関が配信する政策などに関する情報や行政サービスなどに関する情報を検索できます。
政府統計の総合窓口 (e-Stat)	各府省などが公表する統計データ、調査票項目情報などの各種統計情報を検索できる政府統計ポータルサイトです。
国立国会図書館サーチ (NDL Search)	国立国会図書館の資料やデジタルコンテンツの検索ができるほか、都道府県立図書館および政令指定都市立図書館が所蔵する和図書の書誌・所在情報の検索ができます。

2.　大学図書館で探す

*7　図書館でよく耳にする用語には、次のものがあります。閲覧：図書や雑誌などを読んだり、調べたりすること。所蔵：図書館などで資料を所有すること。蔵書：図書館で所有する資料。開架：利用者が自由に資料を手に取ることができる書棚。閉架：利用者が自由に資料を手に取ることができない書棚 (図書館職員に申請すると書庫から資料を出してもらえます)。禁帯出：館外への持ち出しを禁止している図書や資料。複本：図書館で同じ資料や図書を複数所蔵すること。AV資料：視聴覚資料であるDVDやCDなどをいいます。

*8　初めて大学図書館を利用する学生を対象とする大学の「図書館ツアー」なども活用してみてください。

*9　電子ジャーナル (オンラインジャーナル) として発表されるものも多くあります。

　図書館は、利用者の種別によって、国立図書館、公共図書館、大学図書館、学校図書館、専門図書館などに分類できますが、特に**大学図書館**には、専門書籍 (文献) や学術雑誌、各種新聞などが数多く所蔵されています*7。ここでは一般的な探し方をあげていますが、大学図書館の詳しい使い方については、各大学の「図書館利用ガイド」を参照してください*8。

1　専門書籍・雑誌を探す

　書架で書籍や雑誌を探すほか、大学図書館内にあるOPACで検索できます。また、図書館が契約する有料データベースで雑誌記事などを検索することができます。なお、雑誌には、学会や学術団体が発行する「学会誌」や「研究誌」、大学などの研究機関が発行する「紀要」、出版社が発行する「商業誌」、裁判所が発行する「最高裁判所判例集」などがあります*9。

2　新聞を探す

　過去の新聞や縮刷版を見ることができます。また、図書館が契約する新聞社の有料データベースで、過去の新聞記事を検索することができます。国が発行する「官報」、裁判所が発行する「裁判所速報」などは、法律文献として利用することがあります。なお、1つの事件について複数社の新聞を読み比べてみると、さまざまな角度から、その事件の内容や背景などがより具体的に理解できます。

図書館サービス

　図書館には利用者のためのさまざまなサービスがあります。ここでは代表的な3つのサービスを紹介します。

▶レファレンス・サービス

　レファレンスとは、利用者が調査・研究のために探している資料や情報を得るための手助けをすることです。文献をどのように探せばよいかわからない場合や探している資料が見つからない場合は、図書館職員に声をかけてみてください。

▶複写サービス

　一定の条件のもとで、図書館の資料の一部を複写（コピー）することができます。資料には**著作権**があるため[10]、複写サービスを利用する場合、著作権を侵さない範囲で有効に利用しなければなりません。複写の際の著作権に関する責任は、利用者が負うことになります。

▶図書館間相互貸借（ILL）

　図書館間相互貸借（ILL）とは、図書館に利用したい資料がない場合、図書館を通じて他大学・機関から、図書を借りたり、複写物を取り寄せたりできます。

＊10　著作権について詳しくは、著作権情報センターのウェブサイト（https://www.cric.or.jp/index.html）を参照してください。

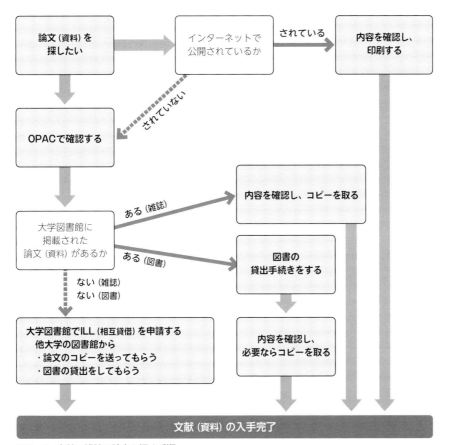

図2-2　文献・雑誌や論文を探す手順

③ 判例・裁判例を探そう

1. オンライン (インターネット) で探す

1 無料データベース

最高裁判所のウェブサイトには、最高裁判所から下級裁判所、行政事件や労働事件の裁判例を検索できるページがあります。ただし、すべての判決文を閲覧できるわけではなく、限定的になります。

2 有料データベース

大学図書館には、図書館が契約している有料のオンライン・データベースがあります。これを利用すると最新の判例を検索することができます。

ここでは、一例として、TKC法律情報データベース (LEX/DBインターネット) を利用し、「安藤・斎藤事件」(最高裁判所大法廷判決平成11年3月24日、平成5年 (オ) 第1189号、民集53巻3号514頁) を調べる方法を説明します*11。

◆ TKC法律情報データベースの利用方法

① 検索画面では、「フリーキーワード」「裁判年月日」「裁判所名」「事件番号」「民刑区分」「裁判結果」などの入力ができますので、「フリーキーワード」に、キーワードを入力して、判例を検索していきます*12。キーワードを入力した検索では、40件ヒットしました。

② 今回は判決日がわかっているので、次に「裁判年月日」の「判決日の指定」をし、「最高裁判所」に☑をし、事件番号を入力して検索します。

*11　この事件は、刑事訴訟法39条3項の接見指定の合憲性について争われた事件であり、弁護人依頼権は、形式的ではなく実質的に弁護人の援助を受ける権利を保障するものであることを初めて明示したものになります。

*12　「AND」検索は、AかつBかつCについての判例を検索することになります。「OR」検索は、AまたはBについての判例を検索することになるので、似た用語を入力することができます。「NOT」検索は、AであるがBでない判例を検索するときに使います。キーワードが一般的な用語だと相当数の判例がヒットします。特に大法廷判決であれば、後の判例で引用されていることも多いためヒット数が多くなり、しぼり込むのが難しくなります。

③ 「裁判日の指定」に☑して日付を入れ、「裁判所名」に☑、および事件番号
　　を入れて検索すると、次のような画面になりました。

④ このページでは下記のことができます。
　　・右端の「全文」をクリックすると、判決文の全文を見ることができます。
　　・下級審の判決は、「第一審」と「控訴審」をクリックすると見ることができ
　　　ます。
　　・右から2つ目の「書誌」をクリックすると、次のような画面になります。
　　　ここでは、「事案の概要」「判示事項」「要旨」「掲載文献」や「参照法令」
　　　の確認ができます。

⑤ 「書誌」の画面の左上にある「判例評釈等へ」をクリックすると一部になり
　　ますが、「判例評釈等一覧」が表示されます。

⑥ 右端にあるPDFファイルをダウンロードすると印刷ができます。また、「書
　　誌」表示には「評釈等所在情報」があり、この判決に関する判例の評釈を
　　した論文が紹介されています。これについては、OPACを利用して確認
　　します。

2. 判例集で探す

　裁判所の判例集を掲載しているものには、公式判例集と判例雑誌があります。
主に利用されるものを紹介します。

1　公式判例集

　公式判例集とは、裁判所が判例として重要性が高いものを選定し、編集したものです。掲載される判例は、信頼性は高いですが、厳選されているため数が限られます。また、刊行されるまでには、判決が出てから半年から1年ほどかかります。

表2-2　公式の判例集

タイトル	内容
『最高裁判所判例集』	重要な判例が登載されます。民事事件には『最高裁判所民事判例集』(民集)、刑事事件には、『最高裁判所刑事判例集』(刑集) があります。
『裁判所時報』	最高裁判所の重要判例の全文が掲載されています。
『高等裁判所判例集』	高等裁判所の裁判が登載されています。民事事件は『高等裁判所民事判例集』(高民集)、刑事事件は『高等裁判所刑事判例集』(高刑集) があります (製本は2002年まで)。
『東京高等裁判所判決時報』	東京高等裁判所における民事・行政事件は『東京高等裁判所民事判決時報』(東高民事時報) として、刑事事件は『東京高等裁判所刑事判決時報』(東高刑時報) として刊行されています。
『家庭裁判月報』	最高裁判所および下級裁判所における家事事件や少年事件から選別した裁判 (審判) が掲載されています。
『訴訟月報』	法務省が関与した民事事件や行政事件および租税事件の判例が掲載されています。

2　判例雑誌

　裁判所が刊行する公式判例集とは別に、判例雑誌も刊行されています。公式判例集に掲載されないものも登載されていることがあります。

表2-3　主要な判例雑誌

タイトル	出版社	刊行、内容
『判例タイムズ』	判例タイムズ社	月1回刊行。全分野を対象として判例が掲載されています。
『判例時報』	判例時報社	月3回刊行。全分野を対象として判例が掲載されています。
『金融・商事判例』	経済法令研究会	月2回刊行。民事・商事に関する判例が掲載されています。
『金融法務事情』	金融財政事情研究会	月2回刊行。金融取引に関する判例が掲載されています。

3　有料データベース

　判例検索ができる有料のデータベースとして次のものがあります。大学図書館で契約していれば図書館内や学内のパソコンからもアクセスできます。パスワードが必要となるため、図書館で使用できるか確認してください。

- ・LEX/DB インターネット (TKC)
- ・D1-Law.com 判例体系 (第一法規)

- LLI/DB 判例秘書 INTERNET (LIC)
- Lexis AS ONE (レクシスネクシス・ジャパン)
- Westlaw JAPAN (新日本法規出版)

4　判例評釈

　判例評釈とは、判例の事例研究をする際に、判例のポイント、意義や問題点を理解するために役立つものです。主なものとして次のものがあげられます。

表2-4　最高裁判所判例解説

タイトル	内容
『最高裁判所判例解説　民事篇』	最高裁判所調査官が事案や要旨を示し、その事件の解説をしています。
『最高裁判所判例解説　刑事篇』	

表2-5　雑誌

タイトル	出版社	内容
『別冊ジュリスト判例百選』	有斐閣	主要な法分野ごとに編集されています。定期的に改訂されます。
『令和〇年度重要判例解説』（『ジュリスト』臨時増刊）	有斐閣	その年度の重要判例が紹介されます。このなかのものから『判例百選』の改訂時に新たに掲載されることがあります。
『令和〇年度判例回顧と展望』（『法律時報』臨時増刊）	日本評論社	その年度の重要判例が法分野別に掲載されています。
『新・判例解説 Watch』（『法学セミナー』増刊）	日本評論社	重要判例が掲載されています。なお、近時のものはウェブサイトで無料公開されています (http://lex.lawlibrary.jp/commentary/law_commentary.html)。
『判例評論』（『判例時報』別冊付録）	判例時報社	『判例時報』の毎月1日号に綴込みで収録されています。

　このほか、下記の雑誌にも判例評釈が掲載されています。

- 『ジュリスト』（有斐閣）
- 『法律時報』（日本評論社）
- 『法学教室』（有斐閣）
- 『法学セミナー』（日本評論社）
- 『刑事法ジャーナル』（成文堂）
- 『季刊 刑事弁護』（現代人文社）

　また、これらの評釈は、先に紹介した有料のデータベースで閲覧できるものもあります。

第Ⅱ編
トピックから学ぶ

本編では、新聞記事や判例を取り上げ、そのなかに潜む憲法問題について段階的に考えていきます。

第**3**章

人権享有主体
人間以外の動物にも基本的人権は保障されるだろうか？

　本章では、三重県の伝統行事である「上げ馬神事」にて、転倒した馬が殺処分となり、「動物虐待」であると非難が集まった事件を素材に、人間以外の動物にも基本的人権が保障されるのかについて考えてみましょう。現代社会では、動物虐待が悪いこととして認識されていますが、たとえば伝統行事との関係では、動物虐待の禁止と伝統行事の存続のどちらを優先させるべきでしょうか。そもそも、なぜ動物虐待が禁止されているのかというところまでさかのぼって、法的にはどのように考えられるのかを整理してみましょう。

❶ 新聞記事に書かれた内容を項目ごとに整理してみよう

（朝日新聞2023年7月16日 朝刊23面）

伝統行事　動物利用のあり方は
三重の「上げ馬神事」から考える

　三重県で5月にあった「上げ馬神事」で転倒した1頭の馬の殺処分をきっかけに、「動物虐待」との批判が広がり、行事内容を見直す事態へと発展している。動物の苦痛に一定の配慮を求めたり、動物を権利の主体とみなしたりする思想が世界的に広まる中、地域の伝統行事などと結びついた動物の扱いをどう考えるべきなのか。

苦痛への配慮が国際標準「時代に応じた形を」
儀礼でなくイベントなら「人だけで行っては」

　毎年春に桑名市の多度大社で行われる上げ馬神事は、武者姿の若者を乗せた馬が急な坂を駆け上り、成功した回数で農作物の豊凶を占う。700年近い歴史を持つとされ、県の無形民俗文化財にも指定されている。だが、高さ約2メートルの土壁を無理やり跳び越えさせることなどをめぐり、動物愛護団体からたびたび改善を求める声が寄せられてきた。

　今年の神事で転倒して脚を骨折した馬が、獣医師らの判断で殺処

スペイン各地行われる牛追い祭りでも近年、動物愛護の観点から抗議の声が上がる

分とされたことが報じられると、ネットを中心に批判が相次ぎ、マスメディアでも取り上げられた。6月には県が動物愛護管理法に基づき、馬の扱いや坂や壁の構造を改めるよう主催者側を指導した。

　伝統文化と動物をめぐるこうした議論は今、

世界各地で起きている、と寒川恒夫・早稲田大学名誉教授（スポーツ人類学）は言う。動物が苦痛を感じないよう配慮する動物福祉の考え方が国際標準となるなか、動物を用いてきた伝統行事の中には廃止に追い込まれるものも少なくないという。

馬術や競馬でも同様な指摘はあるが、競技団体などが組織的に虐待を防ぐような倫理規定を設ける動きを見せる。一方で、地域単位で受け継がれる伝統行事では見直しが十分に進まず、批判が集まりやすい。ただ、変容を受け入れて存続をはかる事例もあるという。

寒川さんによると、スペインの牛追い祭りはパンプローナが有名だが、別の町では牛が巨大なボールに置き換わった。牛に過度のストレスや暴力を加えることを避け、人間の側もより安全に行事に参加できるためだ。中国の新疆ウイグル自治区で夏の祭典に合わせて行われる競技「ブズカシ」では、殺した羊の代わりに羊のぬいぐるみが用いられるようになったという。

寒川さんは「現代に伝わる伝統文化は、時代に応じて柔軟に変化したからこそ生き残ったという側面もある。多度大社の上げ馬神事も、必ずしも廃止を求められているわけではない。妥協点が残されているならば、よりよい形を目指し、話し合いを続けることが重要だ」と話す。

家畜やペットを劣悪な飼育環境に置かないといった動物福祉の考え方は、一般のひとにもなじみがあるものになりつつある。こうした人間による管理・利用を前提とした発想をさらに発展させ、動物を権利の主体とみなすのが、「動物倫理学」という思想だ。日本でもここ数年で関連書籍の刊行が相次いでいる。

「はじめての動物倫理学」の著者である田上孝一・立正大学非常勤講師（応用倫理学）によると、「動物の解放」を訴える動物倫理学は、工場的畜産や動物実験、動物園など、人間が手段として動物を利用することを根本から批判するという。それでは、宗教的な動物観を伴う伝統行事についてはどう考えるのか。

田上さんは「動物倫理学の前提には、時代状況に応じて、伝統的な動物観を現代社会にふさわしいものに変えようとする問題意識がある」と話す。

近代化以前の日本社会において、馬は農耕や軍事に用いる使役動物であるとともに、神の使いとも考えられてきた。「馬を神事に利用する時、それは真摯な信仰の一環であったはずだ。苦痛を強いるものであったとしても、そこには『そうしなければ自分たちの地域共同体のアイデンティティーが脅かされてしまう』との切実な感情があったのではないだろうか」

ただ、時代がくだるにつれて、地域に根ざした儀礼のあり方も変わっていく。信仰や共同体の結束といった側面だけでなく、外から人を呼び込むなど地域振興への期待をかけられる行事も少なくない。

「伝統文化が観光イベントとして利用されるのであれば、サーカスの興行のようなものに近いと言わざるを得ない。見せ物のために動物に無理を強いるような状況は倫理的に正しいとは言えず、動物を使わず人間だけで行う形を考えるべきだ」（西田理人）

Q1. 「上げ馬」神事とはどのような行事ですか。

Q2. 2023年の「上げ馬神事」で何が起こり、どのような批判が生じましたか。

Q3. 三重県は何という法律のもとで、行事の主催者にどう対応しましたか。

Q4. 伝統文化と動物の扱いをめぐって、世界各地では、どのような議論が起きていますか。
変容し存続をはかる事例として、どういった例がありますか。

Q5. 動物福祉とはどういった考え方ですか。

Q6. 「動物倫理学」では、動物をどういうものとみなし、何を批判していますか。

2 関連する法的な問題について、もう少し学んでみよう

1. 人権の固有性と普遍性

1 動物に「権利」はあるか

　新聞記事では、「上げ馬神事」を題材として、世界各地で動物を用いた伝統行事の見直しが行われていることが紹介されていました。そしてその背景には、

動物の苦痛に一定の配慮を求めたり、動物を権利の主体とみなしたりする思想の広がりがあると指摘されています。

アマミノクロウサギ

こうした事件のほかに、現実の訴訟の場面に目を向けてみても、アメリカや日本では、環境問題との関係から、野生動物の特定の種を原告とした訴訟が提起されてきました。特に日本では、奄美大島でのゴルフ場開発による森林破壊を止めるために、森林を住処とする希少種のアマミノクロウサギなどを原告とした訴訟（**自然の権利訴訟**）が提起されたことがよく知られています*¹。アマミノクロウサギたちは裁判の原告として正式には認められず、裁判としては原告らが敗訴してしまいましたが、その後、訴訟の提起自体が世論を動かし、ゴルフ場開発の計画が取りやめとなりました。鹿児島地裁の判決のなかでも「自然が人間のために存在するとの考え方をこのまま押し進めてよいのかどうかについては、深刻な環境破壊が進行している現今において、国民の英知を集めて改めて検討すべき重要な課題」であると述べられています。

＊1 アマミノクロウサギ訴訟（鹿児島地判平成13年1月22日裁判所ウェブサイト）。

このように、現代社会においては、動物に「権利」があるかどうか、**「動物に権利がある」という思想**を法的にどのように考えるべきかどうかが、重要な課題となってきています。それでは、憲法学からは、動物が「権利」を有するかといった問題をどのように考えることができるでしょうか。

2　人権の固有性と普遍性

憲法11条は「国民は、すべての基本的人権の享有を妨げられない」と規定しており、人権が、人種、性、身分などの区別に関係なく、人間であることに基づいて自然に享有できる権利であることを示しています。また、続けて11条は「この憲法が国民に保障する基本的人権は、侵すことのできない永久の権利として、現在及び将来の国民に与へられる」としており、人権が国家や天皇から恩恵的に与えられたものではなく、人間が生まれながらにして当然に持っているものであることを確認しています。

人権があらゆる人間に区別なく認められることを**人権の「普遍性」**と呼び、誰かから与えられたのではなく生まれながらにして自然かつ当然に持っているということを**人権の「固有性」**と呼びます。「動物」が権利を持っているかについて、人権の「固有性」や「普遍性」といった観念を形式的にあてはめて考えるならば、動物は「人間」ではない以上、日本国憲法の保障する権利を有しているとはいえないことになるでしょう。

3　人権の歴史性

しかしながら、人権の「固有性」「普遍性」という考え方の**歴史性**に目を向け

ると、話をこう簡単にすませることはできないかもしれません。人権の「固有性」も「普遍性」も、近代的な人権が歴史上初めて成立した1776年のアメリカ人権宣言や1789年のフランス人権宣言の段階からすでに認められていた考え方ですが、そうであるにもかかわらず、近代人権宣言以降の西欧諸国においては、長いあいだ、「人間」であるはずの女性には参政権がなく、財産の所有ができないことも普通のこととされていました。また、多くの国々で**奴隷制**が存在しており、現代の私たちの目から見れば「人間」であるはずの奴隷は、権利の「**主体**」ではなく「**客体**」、つまり他者から所有される「**財産**」としてとらえられていました。

　このように「人間であればみな当然に権利を有する」という考え方が成立していたはずの当時の社会において、法的に平等に権利を保障される「人間」とは、実のところ、**有産階級の白人男性**だけに限られていました。当時は、奴隷が権利を持たないことも、女性が権利を大幅に制限されることも、いずれも自然の摂理であって当然のことと考えられていたため、権利獲得までの道のりも平坦ではありませんでした。アメリカの奴隷制は、南北戦争終結後の1865年に合衆国憲法修正13条のもとで廃止され、女性の参政権は、アメリカでは1920年、フランスでは1944年になってようやく認められています。

　したがって、法の下で権利を有する「人間」であるか否かの判断は、歴史的には、その時代ごとの常識や偏見によって大きく左右されてきたということができます。このことを念頭に置いて考えるのであれば、私たちは「動物」が法のもとで権利を保障される対象であるのかを検討する際も、形式的に「人間」に該当するかを考えるだけでなく、より実質的な観点から考えてみる必要があります。

Q1. 人権とはどういうものですか。成立した頃には、どんな問題がありましたか。

---

2. 人権享有主体性

　日本国憲法は、第3章において「**国民の権利及び義務**」という表題をつけたうえで、さまざまな個別的人権を保障しています。憲法のなかで使われている「**国民**」という文言を見ると、憲法の保障する人権を持っている主体は、一般国民に限定されているかのように見えます。

　しかしながら、憲法学では、憲法の保障する人権を享有する主体は、必ずし

も「国民」だけに限られないと考えてきました。動物にも権利が保障されている
のかどうかを考えるにあたって、これまで憲法学がどのように「国民」以外の存
在の「**人権享有主体性**」──すなわち、「国民」を超えて、誰がどこまでの人権を
有する主体かどうかという問い── に取り組んできたのかを見ていきましょう。

1　法人の人権享有主体性

　会社や学校のような**法人**その他の団体は、憲法の保障する基本的人権を有し
ているのでしょうか。会社や学校の構成員は、実在する人間です。また、そう
した人々が集うことのできる場所として社屋や校舎といった建物も物理的に存
在しています。しかしながら、構成員一人ひとりも建物も、それが「会社」や「学
校」そのものであるわけではありません（たとえば、構成員が全員入れ替わっても、
建物が建て替えられても、法人は同じものとして存続することができます）。

　このように考えると、会社や学校といった法人は、物理的に存在しておらず、
多くの人々が共通して頭のなかに思い浮かべている、ある種の約束事であるこ
とがわかります。法人が、物事を直接に経験するような感覚ある存在ではない
のであれば、人権が実在の人間に認められるものである以上、法人には基本的
人権の享有は認められないことになりそうです。

　しかし、実際には、最高裁判所は「憲法第3章に定める国民の権利および義務
の各条項は、性質上可能なかぎり、内国の法人にも適用される」と判示して、法
人に対しても、性質上可能な限り人権が保障されるとしています（**権利性質説**）*²。
なぜ裁判所がこのような判断を行ったのかについて、古典的には、①法人の活動
は、実在する人間を通じて行われており、そうして行われた法人の活動の保障は、
最終的には実在する人間の利益につながること（**個人利益還元説**）、②法人という
のは人間のように実在していないものの、現代社会においては、一個の社会的実
体として存在していること（**社会的実在説**）があげられてきました。

　しかしながら、現在ではこうした理由づけに批判がなされています。もし法
人の人権が個人の人権と対等に保障されるならば、法人とその構成員のあいだ
で意見の対立が生じた場合に、社会的な力関係の差から、法人の意見ばかりが
通ってしまうかもしれません。歴史的にも、近代的人権を確立する過程では、
教会や職業団体（ギルド）といった中間団体が障壁となってきました。基本的
人権が、実在の個人を守るために認められるなら、法人という頭のなかの想像
が、実在する個人を抑圧してしまうことは妥当ではないともいえます。

　そこで近年では、法人には人権享有主体性が本来的には認められないという
ことを改めて出発点に据えて考える立場が有力になってきています。このように
考えると、「性質上可能なかぎり法人にも適用される」という権利性質説は、法

*²　八幡製鉄事件（最
大判昭和45年6月24日民
集24巻6号625頁）。

人には基本的人権の享有が認められないことを原則としたうえで、例外的に法人が基本的人権を享有したほうが、個人や社会のためになるという場面に限って、これを便宜的に認める考え方として再解釈することができるでしょう。

Q2. 人間ではない法人に人権規定が適用されるとはどういうことでしょうか。

2　外国人の人権享有主体性

　法人のほかにも、日本国憲法のなかで使われている「国民」という文言からは、憲法が日本国籍を有しない「**外国人**」に対しても基本的人権を保障しているかが問題となります。法人が実在の人間ではなかったこととは反対に、外国人は国民と同じように、実在する人間です。人権が「人間」であることを理由として当然に認められる権利なのであれば、外国人も「人間」である以上、日本国民とまったく同じように、あらゆる人権の享有が認められるという結論になりそうです。

　しかし、最高裁判所は「憲法第3章の諸規定による基本的人権の保障は、権利の性質上日本国民のみをその対象としていると解されるものを除き、わが国に在留する外国人に対しても等しく及ぶ」と判示して、外国人が享有することのできる人権の種類を、日本国民の場合よりも限定しています（**権利性質説**）*3。ここでは法人とは反対に、原則としては外国人に対しても基本的人権の保障は等しく及ぶとしながらも、「権利の性質上日本国民のみをその対象としている」一部の権利は、例外的に、外国人に保障されないことになります。それでは、権利の性質上、外国人に保障されない基本的人権とはどのような権利でしょうか。

　これまでに権利の性質上、外国人に保障されない人権として検討されてきたのは、大きく分けて、①**出入国の自由**、②**参政権**、③**社会権**の3つの基本的人権です。なかでも特に議論がなされてきたのは、外国人の参政権についてでした。

　参政権とは、国民が自己の属する国の政治に参加するための権利のことであり、選挙での投票がその典型といえます。「自己の属する国の政治」への参加というところからは、他国に属する外国人にはなかなか認めることが難しそうです。憲法15条1項も、選挙権は「国民固有の権利」であると表現しており、公職選挙法も、選挙権行使の主体を国民に限定しています。判例も、国政選挙での選挙権については、こうした見解を支持しています。

　他方、地方選挙での選挙権について見ると、最高裁判所は「外国人のうちで

*3　マクリーン事件（最大判昭和53年10月4日民集32巻7号1223頁）。

も永住者等であってその居住する区域の地方公共団体と緊密な関係を持つに至ったと認められるもの」に対して、法律で選挙権を付与することができるという見解を示しています*4。この見解に従えば、原則として選挙権を行使できる主体は日本国民に限られているものの、国会議員を選ぶための選挙ではなく、県知事や県議会議員などを選ぶための地方選挙という場面であれば、一定の外国人に対しても、新たに法律をつくって選挙権を認めることが可能であることになります。

*4　外国人の地方参政権訴訟（最判平成7年2月28日民集49巻2号639頁）。

　こうした最高裁判所の見解は、①法律で外国人に地方参政権を保障することは違憲だとする**禁止説**、②法律で外国人に地方参政権を保障しなければ違憲となるとする**要請説**、③法律で外国人の地方参政権を保障していなくとも違憲とはならないが、保障したとしても違憲とならないという**許容説**のうち、③許容説をとったものといわれています。

　ただ、ここで注意しておきたいのは、最高裁判所は許容説をとったとはいえ、どのような外国人に対しても地方参政権を付与できるという判断はしていないということです。最高裁判所は「外国人のうちでも永住者等であってその居住する区域の地方公共団体と緊密な関係を持つに至ったと認められるもの」に限って、地方参政権を認める余地があるとしているので、たんに旅行目的で短期滞在をしている外国人など、居住する区域と密接な関係を持つに至っていない場合については、選挙権を認めることはできないと考えているように読めます。

　このように考えると、外国人に対して例外的に保障されない人権を考えるにあたっては、人権の種類だけではなく、「外国人」という主体の多様性にも目を向ける必要があることがわかります。一般論としては、外国人のなかでも、一時的に日本に滞在しているのではなく、その生活の本拠を日本に置いている**定住外国人**であれば、より「国民」に近い権利を認められるべきことになりそうです。とりわけ、戦前は日本国籍を有していたものの、戦後に国の都合によって本人の希望と無関係に自動的に日本国籍を失ってしまった**特別永住者**や、戦争などを理由に自国に戻ることが困難な**難民**に対しては、可能な限り日本国民と同等の人権保障がなされるべきで、例外を認めるにあたってはとりわけ慎重な考慮が必要といえるでしょう。

Q3. 外国人の参政権は、どこまで禁止され、どこまで許容されていますか。

3.　人間以外の動物の人権享有主体性？

　　それでは、以上の「人権享有主体性」に関する従来からの議論をふまえて、**人間以外の動物の人権享有主体性**について検討してみましょう。動物は「人間」でも「国民」でもありませんが、日本国憲法の文言上「国民」にしか保障されないはずの基本的人権は、判例上も学説上も、法人や外国人に部分的に認められてきました。このことからすれば、動物にも、憲法が基本的人権として保障する権利が一定程度認められる余地があるかもしれません。人間以外の動物の人権享有主体性について、これまで憲法学ではほとんど議論がなされてきていませんが、ここでは実験的に、論理的な可能性として、どういった道筋があり得るのかを考えてみましょう。

1　2つの権利性質説？

　　まず、法人に関する議論と外国人に関する議論のあいだの違いを整理するところから始めましょう。法人に関する議論では、法人が想像上の存在で、感覚ある存在ではないことから、原則的には人権の享有は認められないが、個人の権利保障や公共の福祉に役立つ範囲において、法人の人権の享有を限定的に認めるという考え方がとられていました。外国人に関する議論では、外国人は「国民」と同様、実在する人間であるから、原則的には人権の享有が認められるが、参政権など一部の権利については例外的に権利保障が認められないという考え方がとられていました。この2つの考え方は、どちらも「権利性質説」と呼ばれますが、それぞれ、権利が保障されないところから出発して考えるか、それとも権利が保障されるところから出発して考えるかという点で、前提に大きな違いがあります。

2　権利が保障されないところから出発して考える

　　人間以外の動物について考える場合、私たちはどちらの出発点に立って考えるべきでしょうか。はじめに、動物は人間ではないから、原則として人権は認められないとする見解から考えてみましょう。こうした発想をとる場合にも、「人間」ではない法人の権利を保障する議論と同様、動物の基本的人権の享有を人間の権利保障や社会に役立つ範囲で手段的に肯定するという道筋が考えられます。

　　たとえば、動物が財産を所有することは基本的に認められませんが、アメリカの一部の州では、ペットの飼育者が自らの死後、信頼できる人にペットのケアを託すために、ケアにかかる費用などをまとまった形で預けておく**ペット信託**という制度があります。ここでは、飼い主を失ったペット自身が信託の「受益者」

となり、世話を請け負った「保護者」はそのお金を受益者（すなわちペット自身）の利益になる方法でしか使うことができなくなります。保護者とは別に選任された「受託者」がペットのためにならない不正な支出がないかをチェックします。こうしたペット信託の仕組みは、ペットの飼育者が死後も自分の財産を自由に処分できるようにするためのものであり、そうすることに役立つ範囲で、ペット自身にも、ケアを受け取るだけの法的利益の享有が例外的に認められます。

　アマミノクロウサギ訴訟のような**自然環境保全**の文脈でも、特定の動物種に裁判を起こすための地位を例外的に認め、環境団体や研究者がその地位を代理して訴訟を起こすことを認めることで、環境保護や生態系保護といった公共の利益の実現を促進させることができるかもしれません。

　また、日本では**動物愛護管理法***5のもと、犬や猫などの「愛護動物」の虐待が禁止されていますが、こうした動物愛護管理法は「国民の間に動物を愛護する気風を招来し、生命尊重、友愛及び平和の情操の涵養」（1条）をはかるための法律とされています。動物虐待の禁止は、動物に「虐待されない権利」を認める規定にも見えますが、1条の目的を重視する立場からは、動物の「虐待されない権利」もまた、これを保障することで動物愛護の気風をもたらし、人間社会全体をよい方向に導く範囲で、限定的に認められる反射的利益にすぎないと理解できます。

*5　正式名称は「動物の愛護及び管理に関する法律」です。

3　権利が保障されるところから出発して考える

　他方、動物は「人間」ではないものの、法人のように、たんなる想像上の存在でもありません。動物が命を持った存在であり、さまざまな出来事を自ら経験する**感覚ある存在**（sentient being）であることを重視する見解をとるならば、動物にも生きるための基本的な権利が保障されるべきであることを出発点に置くことが可能です。外国人の権利保障の場面でなされているように、考え方としては、日本国憲法が「国民」に標準的に保障している権利のうち、権利の性質上、動物に認められない権利はどういった権利か、「動物」という主体の多様性に目を向けたときに、どういった動物にどういった権利がどの程度保障される必要があるかを、動物種ごとの特性や人間との関係性のあり方などもふまえながら検討することになります。そのなかには保障されなければならない権利（要請説）もあれば、保障してはならない権利（禁止説）、保障してもしなくてもよい権利（許容説）があるかもしれません。こうした検討を経たうえで、人間に保障される基本的人権の一部が、一定の動物に適用される道筋が出てくるといえるでしょう。

　このような立場からは、動物愛護管理法上の愛護動物の虐待禁止は、人間が虐待されてはならないことと、まさに同様の理由から、動物に**虐待されない権利**があることを確認し、これを保障する規定だと理解することができます。動

物愛護管理法は「動物愛護の気風」に言及していますが、「人と動物の共生」の実現（1条・2条）や「動物が命あるもの」（2条）であることも考慮するべきとしているため、かけがえのない命を持ち、感覚を持つ存在の権利保障の実現という趣旨を読み込むことも不可能ではないかもしれません。

　以上のように、およそ人権は「人間」に保障され、日本国憲法の保障する基本的人権は「国民」に保障されることが標準形となりますが、「動物」を法人として構成したり、配慮すべき感覚ある存在として構成したりすることで、従来から人間に認められてきた基本的人権保障の内容を動物に対して拡張できる理論的な可能性はゼロではありません。

　また、考えてみれば、動物は、想像上の存在でもないと同時に、人間とまったく同じでもないのであって、2つの考え方は、実際にはどちらかを選ばなければならないものではありません。2つの考え方を両方取り入れるのであれば、動物がなんらかの権利を有している場合、それが他者の権利の実現など**公共の福祉に基づく権利**である場合と、自らが命を持った感覚ある存在であることに由来する**切り札としての権利**である場合の2つの場合があることになるでしょう。

Q4. 動物に人権が認められるとすれば、どういった道筋があり得るでしょうか。

4.　動物利用と伝統文化との調整

　最後に、新聞記事が取り上げていた動物利用と伝統文化とのあいだでの調整の問題について、改めて考えてみましょう。

　新聞記事では世界各地で動物を用いた行事が見直されているとありましたが、その背景には、世界的な**動物福祉政策の進展**があります。たびたび動物福祉の先進国と評価されるEUでは、EUの憲法とも位置づけられる基本条約のなかで、動物を「感覚ある存在」として位置づけています。この**動物福祉条項**は、加盟国に対して、化粧品開発のための動物実験を禁止したり、バタリーケージといわれる狭いケージで畜産農家が鶏を育てることを禁止したりしています。

　それでは、動物になんらかの権利が認められるとすれば、伝統文化において動物を利用することは常に否定されるのでしょうか。おそらく、そうはならないでしょう。上述のEUの動物福祉条項も、感覚ある存在たる動物を尊重する

にあたって「とりわけ宗教儀式、文化的伝統および地域遺産にかかわる、加盟国の法的または行政上の措置と慣例を尊重」する必要があるとしています。

　新聞記事においても、識者は、伝統文化が真摯な信仰の一環であるか、あるいはたんなる観光イベントであるかの違いを重視していました。法的にも、こうした違いは重要です。伝統行事を続ける場合に維持される利益と失われる利益を慎重に比較衡量する必要があります。より具体的には、伝統行事に用いられる（参加する）動物にどういった種類のどのような負担がどの程度生じているのか、そして伝統行事を変更することで、その地域の人々の信教の自由や経済的自由にどの程度の影響があるのか、社会的に弱い立場の人々だけに負担を押しつけていないかどうかなどを、事例ごとに丁寧に検討して結論を導かなければなりません。

Q5. 動物の利用と伝統文化の調整について、どのような考慮要素をあげて考えていく必要があるでしょうか。

ディスカッションをしてみよう
学習した内容をふまえて、次のテーマについてディスカッションをしてみましょう

テーマ1 上げ馬神事の行事の性質や態様、馬という動物の特徴をふまえて考えると、上げ馬神事は、今後どういった形になっていくべきでしょうか。

テーマ2 沖縄県糸満市では中国の竜舟競争に起源を持つハーレーという伝統行事の一環として、数十羽のアヒルを海に放ち、一般参加者が追いかけて捕まえる「アヒル取り競争」が行われています。2023（令和5）年6月の開催の後、首や足をつかむことがあり不適切だとして苦情がありました。2011（平成23）年には県動物愛護センターによる改善勧告もなされていました。一方、アヒル取り競争は市指定民俗文化財にも指定されています。アヒル取り競争の行事としての性質や態様、アヒルという動物の特徴をふまえて考えると、今後のアヒル取り競争はどうあるべきでしょうか。

テーマ3 欧州では、ペットショップでのペットの生体販売が禁止されていることがあります。販売されるペット、ペットを販売する人、購入する人それぞれの利益を比較しながら、生体販売が禁止されるべきかを考えてみましょう。

初級編
新聞記事を素材に

第**4**章

政教分離
国家は宗教的なことにどこまでかかわることができるだろうか？

　本章では、沖縄県那覇市が儒教の祖・孔子を祭る「孔子廟」の設置のために都市公園内の土地を無償提供したことが政教分離原則に抵触するかが問題となった事件を素材に、国家（あるいは地方公共団体）が、どこまで宗教的な活動を行うことができるのかについて考えてみましょう。

　国家と宗教とのかかわり合いは、さまざまな形で私たちの身近に存在しますが、その線引きはどのようになされるべきなのでしょうか。そもそも、なぜ国家と宗教の結びつきが禁止されているのかというところまでさかのぼって、法的にはどのように考えられるのかを整理してみましょう。

1 新聞記事に書かれた内容を項目ごとに整理してみよう

久米至聖廟の正殿「大成殿」

（朝日新聞2021年2月21日朝刊3面）

孔子廟に土地提供、違憲？

　儒教の祖・孔子を祭る「孔子廟」の敷地を那覇市が無償提供しているのは、政教分離を定めた憲法に違反するか。この点が問われた裁判で、最高裁大法廷が24日に判決を言い渡す。政教分離をめぐる大法廷の判断は神社に関連するものが戦後5例あるが、儒教の施設が審理対象となるのは初めて。孔子廟は各地にあり、その運営への影響も注目される。

　朱色の建物に赤い瓦。「久米至聖廟」は、那覇市中心部の公園内にある。孔子の霊を迎える年に1度の祭礼の時だけ、孔子像のある大成殿に続く門扉の中央が開き、14世紀以降に中国から渡来した「久米三十六姓」の子孫らが酒を供えた

り線香を上げたりする。

　施設は一般社団法人「久米崇聖会」が2013年に建設し、管理している。市は論語の講座を開くスペースもあることなどから「体験学習施設」にあたると公益性を認め、年576万円の使用料を無償にした。

　「歴史文化を知らしめるという目的は名ばかりで、実態は儒教を普及させるものではないか」。中国に反発する市民運動家の女性が使用料免除は政教分離に反すると主張し、市を訴えたのが

今回の裁判だ。

　争点は、施設の運営に宗教性がどれほどあるかだ。北海道砂川市が神社に市有地を無償で使わせた行為が問題となった「空知太神社訴訟」では、10年の大法廷判決が「施設の性格や無償提供の経緯、一般人の評価などを考慮し、社会通念に照らして総合的に判断する」との基準を示した。

　18年の那覇地裁判決はこの判例を踏まえ、違憲と判断した。孔子の霊を迎えるため供物を並べたり、祭礼日だけ門扉の中央を開いたりしているほか、会の正会員を久米三十六姓の子孫に限る閉鎖性があると指摘。「儒教が宗教に当たるかにかかわらず宗教的性格の色濃い施設だ」と述べ、使用料免除は憲法が禁じる「宗教的活動」で全額を徴収しないと違法だとした。

　福岡高裁那覇支部も違憲と認めた。ただ、徴収すべき額は市に裁量があるとして示さなかったため、女性と市の双方が上告した。最高裁の弁論で原告は全額の徴収を求め、市は「儒教は哲学で運営に宗教性はない」と反論している。

◆ 全国に点在、影響注目

　哲学や道徳と認識される儒教の施設は全国に点在するが、運営の形態は異なり、影響は不透明だ。

　東京都文京区の湯島聖堂。1690年、儒学者・林羅山の私塾が孔子廟とともに上野から移り、幕府直轄の学校として昌平坂学問所も併設された。国の史跡に指定され、土地も建物も国の所有だ。公益財団法人「斯文会」が管理し、論語や書道の講座を開いている。孔子祭も催すが、国民に論語に触れてもらうことが主眼という。平正路事務局長は「政教分離の問題を指摘されたことはない」。

　栃木県足利市にある史跡足利学校には日本最古の孔子廟があり、佐賀県多久市の孔子廟は国の重要文化財に指定されている。いずれも自治体の所有で孔子を祭る儀式も行う一方で、歴史的遺跡としても知られる。

　多久市の担当者は「創建目的も地域の根付き方も沖縄のケースと違う。判決次第でどんな影響があるのだろうか」と関心を寄せる。

◆ 政教分離訴訟、過去にも判断

　政教分離は、国や自治体は宗教と結びついてはならないとする憲法上の原則だ。20条と89条に規定がある。戦前の政府が国家神道を利用し、軍国主義を進めた反省から生まれた。

　最高裁大法廷が初めて憲法判断を示したのは、津市立体育館の起工式をめぐる津地鎮祭訴訟（1977年）だ。「宗教との関わりを全く許さないものではない」とし、行為の目的や効果によると述べて合憲とした。88年にも、殉職自衛官の遺族が意思に反して護国神社に合祀されたと訴えた訴訟で合憲とした。

　97年には、靖国神社に対する愛媛県知事の公金支出をめぐる愛媛玉串料訴訟で初めて違憲と判断。今回とケースが近い公有地の無償使用をめぐる空知太神社訴訟でも違憲と判断した。富平神社訴訟では、公有地の無償譲渡を合憲とした。（阿部峻介）

◆ 儒教は宗教か、割れる見解

　儒教は中国の思想家孔子（紀元前552年か551年〜前479年）が説いた教えに始まり、中国では仏教や道教と並び称され、徳治主義による秩序維持と君主権の基盤となった。重視される経書（経典）として「易経」などの五経と「論語」などの四書があり、論語には理想的な秩序や道徳とされる「礼」や「仁」について記される。中国では漢王朝で国教化され、清王朝までの約2千年にわたって王朝体制を支えた。日本には6世紀までには伝わったとされ、江戸時代になると、儒学（朱子学）が徳川幕府の官学となり、儒教精神は封建道徳の規範として尊ばれた。

　日本の研究者の間では、儒教は学問・思想体系だとする見解が多いが、先祖と子孫のつながりを大事にする宗教だという見方もある。

　小島毅・東京大大学院教授（中国思想史）は、現在の中国や台湾では「儒家」や「儒学」という語彙を使い、「儒教」は使わないことを示した上で、「学術的に宗教を定義する定説はないので、儒教が宗教なのかそうではないのかというのは不毛な議論になる」と指摘する。（西田健作）

Q1. どのような法的な問題が取り上げられていますか。

Q2. 問題となった施設はどのようなものですか。そこではどのような行事が行われ、また誰が管理をしていますか。

Q3. 市はどのような理由から、いかなる措置をとっていましたか。

Q4. 施設の運営の宗教性の程度を判断するにあたって、過去の裁判例ではどのような基準を示しましたか。また、その事件では何が争われましたか。

Q5. 地方裁判所と高等裁判所はどのような判断を下しましたか。

Q6. 全国にある代表的な儒教の施設には、どのようなものがありますか。また、これらの施設と「久米至聖廟」との違いはどこにありますか。

Q7. 政教分離という原則はどのようなものですか。また、この原則は、どのような背景のもとで生まれ、日本国憲法にどのように規定されていますか。

Q8. 儒教は宗教かという問題について、どのような議論がありますか。

2 関連する法的な問題について、もう少し学んでみよう

1. 政教分離とは

　憲法20条は、信教の自由とともに、国家と宗教の関係についても規定しています。つまり、宗教団体に対して、国から特権を受けたり、政治上の権力を行使したりしてはならないこと（同条1項）、そして、国に対して、宗教教育などいかなる宗教的活動もしてはならないこと（同条3項）を定めています。これらの原則を合わせて、**政教分離原則**と呼んでいます。

　この場合の「政」とは「政治」または「国家」を指し、「教」とは「宗教」または「教会」を意味します。そのため、この原則は、政治と宗教が分離されなければならないこと、あるいは国家と教会が分離されなければならないことを求めるものといえます。また、憲法89条はこの原則を財政面から裏づける形で、宗教上の組織・団体の使用・便益・維持のために公金を支出したり、あるいはその他の公の財産を提供したりしてはいけないことを定めています。

　しかし、信教の自由が近代人権思想の基礎となるものであったのに対して、政教分離原則は世界共通の原則ではありません。国家と宗教の関係は、それぞれの国の歴史的背景などによって異なるものであるため、国家と宗教のあり方を示す一つの指標にしかすぎません。そこで、世界に目を向けていくつかの類型を見てみましょう。

Q1. 政教分離原則を簡単に説明すると、どういうものになりますか。

---

2. 国家と宗教の関係の多様性

　　世界の憲法を見てみると、国家と宗教の関係は大きく分けて3つの類型に分けることができます。

　　第1の類型は、**国教制**です。これは、国家が保護し活動を支援する宗教（国教）を置きつつも、それ以外の宗教についても信教の自由を保障し、寛容に扱うという類型です。国教制の代表的な国として、イギリスをあげることができます。イギリスでは、ヘンリー8世の離婚問題が原因となって、それまでカトリック教会の一部であったイングランド教会がローマ教皇庁から独立したことにより、国王を首長とする国教会体制になりました。

　　第2の類型は、**公認宗教制**です。これは、国家と教会は独立しているものの、国家と宗教が相互に独立を認め、競合事項については政教条約（コンコルダート）を結んで処理しようとするなど、一定の協力的な制度関係が存在するという類型です。公認宗教制の代表的な国として、イタリアやドイツなどをあげることができます。コンコルダートは、もともとは神聖ローマ皇帝（俗権）がローマ教皇（教権）とのあいだで、司教や修道院長の任命権（叙任権）をめぐって行った争いの解決として結ばれたものでしたが、19世紀以降の近代国家が成立していくなかで、国家が教会の立場を認めるかわりに教会を国家の制限のもとに置くとともに教会の権利を保障する際に結ばれるものとなりました。

＊1　合衆国憲法修正1条

　連邦議会は、国教の樹立をもたらす法律、もしくは自由な宗教活動を禁止する法律あるいは、言論または出版の自由、平和的に集会し、苦情の救済を求めて政府に請願する人民の権利を縮減する法律を制定してはならない。

＊2　第5共和制憲法1条

　フランスは、不可分の、非宗教的、民主的かつ社会的な共和国である。

　　第3の類型は、**政教分離制**です。これは文字どおり、国家と宗教が完全に分離され、教会は私法上の組織にすぎないものとなり、国はその運営に関与しない（関与してはならない）という類型です。政教分離制の代表的な国として、アメリカ、フランス、日本などをあげることができます。アメリカでは、独立戦争を契機に、それまで公定教会とされていたイギリス国教会への批判が高まり、国教を樹立することが憲法で禁止されました（合衆国憲法修正1条＊1）。フランスでは、カトリックの影響を政治から排除する目的で政教分離の原則が確立されて以来、現在の憲法でも国家が世俗的であるべきことが宣言されています（第5共和制憲法1条＊2）。

　　それでは、国家と宗教の関係が国によってさまざまであるにもかかわらず、な

ぜ日本国憲法で規定されるような政教分離原則を採用したのでしょうか。それは明治憲法下において、憲法上は国家と宗教の関係は規定していなかったにもかかわらず、神社神道がほかの宗教と区別され、神社は公法人化されるなど、国家と結びついた国家神道の体制が事実上の国教制として確立していたからです。

Q2. 政教分離はいくつの類型に分けられますか。日本はどの類型になりますか。また、それはなぜですか。

3.　政教分離の意義

　日本国憲法が政教分離原則を採用していることがわかったところで、次に国家と宗教とを「分離」するということは何を意味するのかについて見ていくことにします。

　一つは、**国家の非宗教性**です。これは、国家と宗教が互いに干渉することがないようかかわりを持たないことを意味します。政治が宗教によってゆがめられることがないようにすると同時に、宗教が政治と結びつくことで堕落するのを防止しようとするものです。もう一つは、**国家の宗教的中立性**です。これは、国家が特定の宗教とだけかかわりを持ってはいけないということを意味します。宗教と無宗教、そして各宗教間との関係で国家が中立の立場であることを確保することで、個人の信教の自由を保障しようとするものです。

　これらの考え方のうち、政教分離原則からは前者が望ましいことになりますが、国家の非宗教性を強調することは、国家と宗教の絶対的分離が要求されることになり、かえって不都合な事態をもたらすことになります。たとえば、宗教系の私立学校に対して国家が助成することや、社寺が保有する文化財を保護するために補助金を支給することが認められないことになってしまいます。そのため、判例も学説も、国家の宗教的中立性を確保するという目的で政教分離原則を理解しています。この場合には、個人の信教の自由を確保することが主たる目的となるため、信教の自由が侵害されていないのであれば、政教分離原則を緩やかに理解し、相対的分離としてとらえることになります。つまり、国家と宗教の完全な分離ではなく、場合によっては、ある程度の結びつきまでは認められるということを意味します。

Q3. 政教分離とは、具体的に国家に何を求めるものになりますか。その場合に、国家と宗教との結びつきは認められますか。

4.　政教分離の判断基準

　　　国家と宗教の関係について、政教分離原則は両者の完全な分離ではなく、場合によってはある程度の結びつきまでは認められるというものとして理解されています。では、どこまでの結びつきが認められ、その判定基準はどのようなものなのでしょうか。

　　　このことについて、最高裁が初めて定義したのが津地鎮祭事件[*3]です。この事件は、市立体育館の建築工事の無事を祈願して神道形式で行われた起工式（地鎮祭）への市の公金支出が憲法20条3項に反するかが争われた事件です[*4]。この事件で最高裁は、問題となった政府の行為が憲法20条3項にいう宗教的活動にあたるか否かについて、「社会的・文化的諸条件に照らし相当とされる限度を超える」かかわり合いを許さないものであると述べています。

　　　そのうえで、国家と宗教とのかかわり合いが相当される限度を超えるか否かは、より具体的には、問題になっている国家の**「行為の目的が宗教的意義をもち、その効果が宗教に対する援助、助長、促進又は圧迫、干渉等になるような行為」**であるかどうかによって判断するとしました。この基準は、問題となった国の行為の目的の審査と、その行為の効果の審査の2つから成り立っていることから、目的効果基準と呼ばれます。

　　　ただし、目的効果基準で審査する際には、目的と効果の審査だけではなく考慮要素も結果に重要な意味を持ちます。この点について最高裁は、目的・効果を審査する際には、問題となっている「行為の外形的側面のみにとらわれることなく、当該行為の行われる場所、当該行為に対する一般人の宗教的評価、当該行為者が当該行為を行うについての意図、目的及び宗教的意識の有無、程度、当該行為の一般人に与える効果、影響等、諸般の事情を考慮し、社会通念に従って、客観的に判断しなければならない」としています。

[*3] 最大判昭和52年7月12日民集31巻4号533頁。

[*4] 政教分離に関する裁判は、住民訴訟（地方自治法242条の2）という形で訴えが提起されます。この訴訟形式は、自己の権利や利益が侵害されたために、その救済を求めて裁判所に訴えを起こすものとは異なり、法秩序の維持ないし行政の適法性の確保を目的として、自己の具体的な権利や利益の侵害がなくても、地方公共団体の住民、選挙人などの資格で提起することのできる訴訟のことを指します。

Q4. 政教分離の判断基準はどのようなものですか。判断の際にどのような事項を考慮しますか。

---

5. 最高裁判所の主な判例

1 津地鎮祭事件

　津地鎮祭事件において最高裁は、地鎮祭は神職が神社神道固有の祭式に則って行うものであるから、起工式を挙行することによって市が宗教とのかかわり合いを持つことは否定できないものの、地鎮祭が土地の平安堅固、工事の無事安全を願うために行われる「慣習化した社会的儀礼」であり、その目的はもっぱら世俗的なものであると認定しました。また、起工式で神社神道の祭式に則った地鎮祭が行われたとしても、一般人の意識から見て神道を援助、助長するなどの効果は認められないとし、結論として、市の行為は憲法が禁止する「宗教的活動」には該当せず、憲法違反ではないと判断しました。

Q5. 津地鎮祭事件では、「目的」と「効果」についてどのように判断していますか。

---

2 愛媛玉串料事件

　愛媛県知事が靖国神社、県護国神社に対して、玉串料などの名目で公金を支出したことが政教分離に反するとして争われたのが愛媛玉串料事件[*5]です。この事件で最高裁は、玉串料などの奉納を社会的儀礼の一つにすぎないと評価することはできず、また、県がほかの宗教団体に対して同様の支出をした事実もないから、「地方公共団体が特定の宗教団体に対してのみ本件のような形で特別のかかわり合いを持つことは、一般人に対して、県が当該特定の宗教団体を特別に支援しており、それらの宗教団体が他の宗教団体とは異なる特別のものであるとの印象を与え、特定の宗教への関心を呼び起こすものといわざるを得」ず、種々の事情を総合考慮すれば、県が玉串料などを靖国神社または護国神社

[*5] 最大判平成9年4月2日民集51巻4号1673頁。

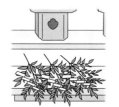

に奉納したことは、「その目的が宗教的意義を持つことを免れず、その効果が特定の宗教に対する援助、助長、促進になると認めるべきであり」、「県と靖国神社等とのかかわり合いが我が国の社会的・文化的諸条件に照らし相当とされる限度を超えるものであって、憲法20条3項の禁止する宗教的活動に当たると解するのが相当であ」り、また同様の理由で憲法89条の禁止する公金支出にあたるとして、県の支出を違法と判断しました。

Q6. 愛媛玉串料事件では、「目的」と「効果」についてどのように判断していますか。一般人にどのような印象を与えるものだと評価していますか。

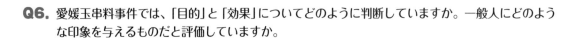

3　空知太神社事件

　これまでに見てきた政教分離原則に関する事件では、いずれも目的効果基準を適用して、裁判所は「相当とされる限度」を超えるか否かを判断してきました。しかし、目的効果基準が適用されなかった事案も存在します。それが空知太神社事件*6です。この事件は、神社の鳥居などが組み込まれた地域の集会場のために市有地を無償で長いあいだ貸与していることが政教分離原則に反するのではないかが争われた事件です。この事件で最高裁は、「相当とされる限度を超えて憲法89条に違反するか否かの判断に当たって、当該宗教的施設の性格、当該土地が無償で当該施設の敷地としての用に供されるに至った経緯、当該無償提供の態様、これらに対する一般人の評価等、諸般の事情を考慮し、社会通念に照らして総合的に判断すべき」であるとしました。

　そして、神社物件を管理し、祭事を行っている氏子集団は、宗教的行事などを行うことを主たる目的としている宗教団体であって、憲法89条にいう「宗教上の組織若しくは団体」にあたるとしたうえで、神社への市有地の無償貸与は、「その直接の効果として、氏子集団が神社を利用した宗教的活動を行うことを容易にしている」以上、「一般人の目から見て、市が特定の宗教に対して特別の便益を提供し、これを援助していると評価され」るとしました。以上から最高裁は、「市と本件神社ないし神道とのかかわり合いが、我が国の社会的、文化的諸条件に照らし、信教の自由の保障の確保という制度の根本目的との関係で相当とされる限度を超える」と判断しました。

＊6　最大判平成22年1月20日民集64巻1号1頁。

Q7. 空知太神社事件では、目的効果基準に代わってどのような基準を示しましたか。

ディスカッションをしてみよう
学習した内容をふまえて、次のテーマについてディスカッションをしてみましょう

テーマ1 那覇市が「孔子廟」の敷地を無償提供することが可能となる途（みち）はあるのでしょうか。

テーマ2 ある市立小学校では毎年夏の恒例行事として七夕祭を行ってきました。例年どおりに行事を計画し、学校の便りで行事予定を知らせたところ、児童の保護者から公立学校の行事として七夕祭を行うことは政教分離原則に違反するので中止すべきであるという意見が出されました。公立学校での七夕祭は憲法違反なのでしょうか。

テーマ3 大規模な災害によって損壊した宗教施設である神社を再建するために、自治体が公金の支出を検討しているとの報道がありました。この神社では、初詣には多くの人が訪れ、夏祭りの祭事に併催される花火大会は有名で、地域の観光資源にもなっています。このような場合に、ことは憲法違反なのでしょうか。

テーマ4 ある公立学校の校長先生は、政教分離原則、公立学校における宗教的中立性を維持するために、イスラム教徒のスカーフ着用を校則で禁止しました。校長先生はこの校則に基づいて、スカーフ着用を続ける女子生徒を停学処分としました。校長先生による停学処分は憲法違反なのでしょうか。

第**5**章

プライバシーの権利
個人の自己情報をどのように保護するか？

　本章では、プライバシーの権利について学びます。みなさんは、「プライバシーの権利」という言葉はテレビや新聞などで目に触れて聞きなじみがあるでしょう。プライバシーとは、簡単にいえば、「個人の秘密にしたい情報」という意味です。インターネットやコンピュータなどの情報通信技術が発達した現代社会において、個人のプライバシーの権利をどのように守っていけばよいでしょうか。本章では、個人の自己情報をどのように守るかという観点から、現代社会におけるプライバシーの権利問題を考えていきましょう。

① 新聞記事に書かれた内容を項目ごとに整理してみよう

（毎日新聞2022年6月25日東京朝刊28面）

逮捕歴投稿　削除を命令
ツイッター社逆転敗訴　最高裁判決

　建造物侵入容疑で2012年に逮捕された男性が、ツイッター上に残る逮捕記事の投稿を削除するよう米ツイッター社に求めた訴訟の上告審で、最高裁第2小法廷は24日、削除を認めなかった2審判決を破棄し、削除を命じる判決を言い渡した。ツイッター社の逆転敗訴が確定した。草野耕一裁判長は「逮捕から年月が経過し、公共の利害との関わりは小さくなっている」と述べた。裁判官4人全員一致の意見。

　男性側は、ツイッターのキーワード検索で氏名を検索すると、逮捕当時のニュース記事のURLを転載した投稿などが今も表示されるため、「更生を妨げられない利益を侵害されている」などとして14件の投稿の削除を求めていた。

　小法廷は、ツイッターでの逮捕歴に関する投稿について「逮捕された事実を公表されない利益が、投稿を閲覧させ続ける理由に優越する場合に削除が認められる」との基準を示した。その上で、男性の逮捕から年月が経過している、転載元の記事が既に削除されている、男性が公的立場にない——ことなどから、削除の基準を満たしているとして全14件の削除を命じた。

　1審・東京地裁判決（19年10月）は小法廷と同様の理由でツイッター社に削除を命じたが、2審・東京高裁判決（20年6月）は、17年に最高裁が検索サイトで表示される逮捕歴に関して示した厳格な削除基準をツイッターにも当てはめ、男性側の逆転敗訴としていた。小法廷は今回、この検索サイトに対する削除基準よりも緩やかな基準で結論を導いた。

　男性側の弁護士は判決後の取材に「SNS（ネット交流サービス）では、逮捕歴の削除が今後は認

められやすくなるはずだ。影響は大きい」と述べ、ツイッタージャパン広報部は「コメントは控える」とした。（遠山和宏、志村一也）

◆ **検索より削除容易に**

最高裁が2017年に検索サイトに対して示した削除基準は、削除を求める側にとってハードルが高く、ネット交流サービス（SNS）などでも削除が容易に認められない影響が出ているとの指摘が強かった。最高裁が今回、より緩やかな基準を示したことで、ツイッター上の逮捕歴投稿の削除が認められやすくなる可能性がある。

ネット上の逮捕情報は簡単に消えず、就職など社会復帰を目指す際の障害となる。検索サイトに対する最高裁の削除基準は「（逮捕歴が）公表されない利益が、公表される利益に明らかに優越する場合には削除が認められる」とした。「明らかに」の文言があることで、その後、ネット上の逮捕歴の削除請求は逮捕から10年以上が経過しても認められないケースが出ていた。

小法廷は今回、ツイッター上の逮捕歴投稿の削除基準を「逮捕された事実を公表されない利益が、投稿を閲覧させ続ける理由に優越する場合に削除が認められる」とし、「明らかに」の文言を外した。より柔軟に削除の必要性を検討するためとみられる。検索サイトと異なる基準が示されたことで、今後、ツイッター上に残る逮捕歴投稿はこの基準で判断される可能性がある。ただ、実際に削除を認めるかどうかは、事件内容や逮捕からの年月の経過、本人の社会的地位などを考慮し、ケース・バイ・ケースとなる。

宮下紘・中央大教授（憲法）は「17年に最高裁が判断基準を示して以降、プライバシー侵害の訴えが十分受け止められず、削除請求がほとんど認められなくなっていた。小法廷が今回、『明らか』の要件を外したことで、（人権）救済に向けた司法判断の流れが生まれる可能性がある」と指摘する。（遠山和宏）

Q1. この訴訟では、どのような内容が問題となりましたか。

Q2. 原告である男性は、被告側にどのようなことを具体的に求めていましたか。

Q3. 最高裁は、どのような見解を示しましたか。

Q4. 最高裁が2017年に示した削除基準（後述のGoogle検索結果削除請求事件［p.54］で示された削除基準のこと）は、いかなる判断基準で、どのような影響をもたらしましたか。

Q5. 下級審（第1審・第2審）判決は、どのような判断を示していましたか。

Q6. 最高裁判決の判断基準は、2017年の削除基準といかなる点が異なりますか。

Q7. 今回の判決によって今後どうなることが予想されますか。

2 関連する法的な問題について、もう少し学んでみよう

1. プライバシーの権利とはなにか

　プライバシーというと、多くの人は他人に知られたくない秘密のようなイメージを持つのではないでしょうか。たとえば、家族や友人との会話を盗み聞きすることやスマートフォンを使って他人が勝手に自分を撮影することは、誰しもプライバシーの侵害にあたると思うことでしょう。一般的に、プライバシーの権利とは、**個人や家庭内の私事・私生活や秘密**を他人から干渉・侵害を受けない権利と理解されています*1。そのため、プライバシーの権利は、現代の高度に発達した情報化社会にとって必要な権利であるといえます。

＊1　『広辞苑』を参照すると、プライバシーとは「個人や家庭内の私事・私生活、個人の秘密。それが他人から干渉・侵害を受けない権利」と記されています。

　そもそもプライバシーの権利は、日本独自の法概念ではなく、アメリカで生成されてきました。アメリカ合衆国憲法は、プライバシーの権利を明文で規定していません。しかし、アメリカ社会の発展につれて、社会秩序の維持のために、プライバシーの権利が要請されるようになりました。

　そうしたなか、サミュエル・ウォレンと（Samuel Warren）とルイス・ブランダイス（Louis Brandeis）が著した"The Right to Privacy"は、「プライバシー」という言葉をより有名にさせた論文だといわれています。ウォレンとブランダイスが論じたプライバシーの権利は、「一人で放っておいてもらう権利（right to be let alone）」と呼ばれます。その目的は、人の興味をひきつけるための扇動的な報道や人の肖像の無断使用によって侵される個人の**「私生活や家庭生活の神聖な領域」の保護**にありました。たとえば、週刊誌の記事などで書きたてられるゴシップなどの類は、彼らにいわせれば「家族生活の領域を侵すことによってしか入手できない種類」であり、報道されることで個人は精神的苦痛や悲嘆に苦しむことになります。そのため、彼らは、プライバシーを個人のライフスタイルを形成するために不可欠な権利と位置づけたのです。

Q1. アメリカでプライバシーの権利が要請されるようになった経緯を簡潔に説明してください。

2.　日本におけるプライバシーの権利の憲法上の根拠

　戦後の日本でも、情報化社会の進展に伴って、プライバシーの権利が社会的に要請されるようになります。しかし、困ったことに日本国憲法や法律を見渡しても、「プライバシーの権利」という規定はどこにもありません。そこで、憲法学説や裁判所は、**憲法13条**を根拠にして、プライバシーの権利にかかわるさまざまな問題に対応しています。

　憲法13条は「すべて国民は、個人として尊重される。生命、自由及び幸福追求に対する国民の権利については、公共の福祉に反しない限り、立法その他の国政の上で、最大の尊重を必要とする」と規定します。「生命、自由及び幸福追求に対する国民の権利」は、幸福追求権と呼ばれ、新しい人権を導き出す根拠とされています。

　アメリカにおけるプライバシーの権利の生成の経緯からすると、プライバ

シーの権利は、**他者が私生活に介入することを排除する権利**として登場してきました。個人の私生活の保護は、憲法13条が保障する個人の尊重になじむものです。なぜなら、個人の人格を尊重するうえで、私生活の保護は欠かせないからです。それゆえ、私生活を保護するプライバシーの権利が憲法13条から導き出されることになるのです。

しかし、いかなる内容がプライバシーの権利によって保護され得るのでしょうか。プライバシーの権利が個人の**「私生活上の利益」を保障する**とはいえ、何をもって「私生活」だと判断すればよいのでしょうか。実は、プライバシーの権利によって保護される範囲を特定するのは、とても難しいのです。

それでは、裁判所はどのように考えているのでしょうか。日本でプライバシーという言葉がマスメディアを通じて一躍有名になったのは、「宴のあと」事件においてです。この「宴のあと」事件をもって、日本の裁判史上、初めてプライバシーの権利を認めたものとして一般的に理解され*2、その後の判例の展開に影響を与えています。そこで、次に「宴のあと」事件をはじめとするプライバシーの権利に関する主要な判例を概観してみましょう。

＊2　プライバシーの権利への言及の観点からいえば、警察によるデモ行進参加者の顔写真の撮影の合法性が争われた大阪高裁判決（大阪高判昭和39年5月30日高刑集17巻4号384頁）で「プライバシーの権利とは私人が私生活に他から干渉されず、本質的に私的な出来事についてその承諾なしに公表されることから保護される権利」として一足早く明らかにされています。

Q2. 日本においてプライバシーの権利の憲法上の根拠は何条ですか。また、それを根拠とする理由は何ですか。

3.　プライバシーの権利に関する主要判例

1　「宴のあと」事件

三島由紀夫『宴のあと』
新潮文庫、2020年

＊3　東京地判昭和39年9月28日下民集15巻9号2317頁。

『宴のあと』は、作家の三島由紀夫によって、有田武郎元外務大臣が社会党から東京都知事選に立候補して落選した顛末が描かれた作品です。三島は執筆にあたり、有田本人の同意を得ていませんでした。有田は、作品内の「私生活をのぞき見したかのような」描写に不快感を覚え、単行本の出版中止を申し入れました。しかし、三島側がこれを拒否したため、有田側がプライバシーの権利侵害を理由に、三島側に100万円の損害賠償および謝罪広告の掲載を求めました*3。

裁判所によれば、私事をみだりに公開されないことは、情報化が進む社会のなかで、「**個人の尊厳を保ち幸福の追求を保障する**うえにおいて必要不可欠」であり、「不法な侵害に対しては法的救済が与えられるまでに高められた人格的な

利益」であると述べます。そのうえで、「プライバシー権は**私生活**をみだりに公開されないという**法的保障ないし権利**として理解される」とします。そして、一般人から見て「誤認しても不合理でない程度に真実らしく受け取られる」内容であれば私生活の公開として、プライバシー侵害を認めてもよいとするのです。その結果、本件小説内の描写は、有島のプライバシーを侵害しているとされました。

Q3. 「宴のあと」事件では、プライバシーの権利はどのような権利としてとらえられましたか。

2　早稲田大学江沢民講演会名簿提出事件

　早稲田大学は、1998（平成10）年11月28日に中華人民共和国の江沢民国家主席（当時）の講演会開催を決定しました。参加希望学生には、事前に学内に据え置かれた名簿（以下、「本件名簿」という）に学籍番号・氏名・住所・電話番号を記入させ、参加証を交付しました。そして、警備上の理由から、学生の同意を得ずに、警視庁に講演会の出席者名簿の写しを提出しました。

江沢民

　講演会に参加したＸらは、講演中に座席から立ち上がって「中国の核軍拡反対」と大声で叫ぶなどしたため、建造物侵入および威力業務妨害の嫌疑で現行犯逮捕され、その後、同大学からけん責処分を受けました。これに対して、Ｘらは、けん責処分の無効確認などとともに、本件名簿の写しの警視庁への無断提出がプライバシー侵害にあたるとして、同大学に対して損害賠償を請求しました[*4]。

＊4　最判平成15年9月12日民集57巻8号973頁。

　裁判所によれば、「学籍番号、氏名、住所及び電話番号〔本件個人情報〕は、**大学が個人識別等を行うための単純な情報**」ですが、自らの意思と関係なく、みだりに開示されたくないと考えるのが自然であるため、「**プライバシーに係る情報として法的保護の対象となる**」とします。そして、そのような情報の取扱い方次第によっては、「個人の人格的な権利利益を損なうおそれのあるものであるから、慎重に取り扱われる必要がある」と述べます。

　同大学は、警察に本件個人情報を開示するにあたり、学生からの事前承諾を求めることが容易であったにもかかわらず、これをしませんでした。そのため、本件個人情報を無断で警察に開示した同大学の行為は、Ｘらのプライバシーを侵害しているとされたのです。

Q4. 早稲田大学江沢民講演会名簿提出事件では、学籍番号、氏名、住所および電話番号をどのようにとらえましたか。また、大学側の情報の取扱いに対して、最高裁はどのような判断をしましたか。

3　Google検索結果削除請求事件

過去に児童買春の罪で罰金50万円の略式命令を受けたXは、インターネット上のGoogleで自己の名前と住所を検索すると、3年以上前の逮捕時の記事が表示されていました。そこで、Xは、この検索結果の表示により「更生を妨げられない利益」が侵害されているとして、人格権に基づき、Google検索結果の削除を求める仮処分命令の申立てをしました*5。

＊5　最判平成29年1月31日民集71巻1号63頁。

最高裁は、「個人のプライバシーに属する事実をみだりに公表されない利益は、法的保護の対象となる」としつつも、プライバシーに属する事実を含む記事などのURL情報が検索結果として表示されることが違法となるかどうかは、事実の性質および内容、その者のプライバシーに属する事項が伝達される範囲と表示されることでこうむる具体的被害の程度、その者の社会的地位や影響力、記事の目的や意義、社会的状況の変化、記事などにおいて事実を記載する必要性など、「当該事実を公表されない**法的利益**と当該URL等情報を**検索結果として提供する理由**に関する諸事情を**比較衡量**して判断すべき」であるとします。そして、「当該事実を公表されない法的利益が優越することが明らかな場合」には、検索事業者に対して削除を求めることができるとしました。

この結果、Xの諸事情を考慮したとしても、「本件事実を公表されない法的利益が優越することが明らかであるとはいえない」とされました。

4.　自己情報コントロール権の登場

＊6　最判昭和56年4月14日民集35巻3号620頁。

＊7　最判平成6年2月8日民集48巻2号149頁。

日本の憲法学では、「宴のあと」事件を契機に、裁判所が実質的にプライバシーの権利を承認したとみなされています。その後の前科照会事件*6で「前科等のある者もこれをみだりに公開されないという法律上の保護に値する利益を有する」と判示し、ノンフィクション『逆転』事件*7でも同趣旨を説いています。このように日本では、プライバシーの権利を私生活上の情報を他者によってみだりに公開されない権利ととらえ、発展してきました。

しかし、時として、自らの意思とは関係なく、提供した個人情報が情報保有者から第三者に流用されてしまう場合もあります。早稲田大学江沢民講演会事

件は、まさにそうしたケースでした。最高裁は、氏名・住所などの単純情報であっても本人の同意なく第三者に提供した場合は、情報提供者のプライバシー侵害にあたると判断しました。

　いまや私たちは、自らの個人情報を積極的に提供することで、さまざまな行政サービスや民間のオンラインサービスを活用する時代となっています。たとえば、マイナンバーカード制度やクレジットカード・電子マネーを使用する際には、住所や口座番号などの個人情報の登録が必要となります。

　こうした社会変化に伴い、プライバシーの権利にも新たな側面が要請されるようになります。すなわち、私生活上の自己に関する情報を秘匿（ひとく）することだけに主眼を置くのではなく、すでに外部に提示した個人情報が不利益な取扱いをされないよう、**自己にかかわる情報**を管理する必要が出てきたのです。

　そのため、憲法学説では、プライバシーの権利を**自己情報コントロール権**としてとらえ直そうとする見解が登場してきました。自己情報コントロール権は、自身に関する情報を誰にどこまで公開するかを決定する権利であり、情報保有者に情報の適正な収集・利用・管理および訂正・抹消を求める請求権的側面を有しています。もっとも、自己情報の不利益な取扱われ方やその危険性の程度はさまざまです。情報保有者の情報管理の杜撰（ずさん）さゆえに、第三者に情報が漏洩（ろうえい）し、不正な個人情報の利用を許してしまう危険性もあります。そのため、自己情報コントロール権には、客観的に不当な自己情報の取扱いをされないように、どのように権利構成していくべきかといった課題も残されています。

Q5. 自己情報コントロール権について簡潔に説明してください。

```
┌─────────────────────────────────────────────────────────┐
│                                                         │
│                                                         │
│                                                         │
│                                                         │
└─────────────────────────────────────────────────────────┘
```

5.　個人の自己情報をどのように守るか

　現代社会は高度情報化社会です。コンピュータやインターネットなどの普及により、膨大な情報が収集・共有され、検索エンジンなどによって容易に検索できるようになりました。インターネット上にはおびただしい数のウェブサイトが存在するため、**インターネット上で拡散された情報**を自らの意思で完全に消去することは不可能です。それでは、自己に関する情報が不利益な取扱いをされないよう、司法や行政はどのように対応しているのでしょうか。

　現在のところ最高裁判所は、自己情報コントロール権の存在を真正面から認め

てはいません。しかし、新聞記事のツイッター投稿削除訴訟やGoogle検索結果削除請求事件のように、プライバシーに関する個人情報が法的保護の対象になるとの従来の裁判例の考えを前提に、プライバシーに関する個人の利益が、公開されることで得られる利益よりも優越するかどうかを比較衡量することによって判断を行っています。そして、優越する場合は、情報の削除を請求できるとしています。

　行政では、法整備を通して自己情報コントロール権の内容を保護するような対応を行うようになってきています。2005（平成17）年に施行した**個人情報保護法***8は、「個人情報の有用性に配慮しつつ、個人の権利利益を保護すること」を目的としています（1条）。デジタル通信技術の進展に伴った社会情勢の変化に対応するため、現在までに3度の大きな改正が行われています。個人情報保護法に違反した場合には、指導や勧告、罰金などを受ける可能性があります。

＊8　正式名称は、「個人情報の保護に関する法律」です。

Q6. 個人の自己情報を守るために、司法や行政はどのように取り組みを行っているでしょうか。

ディスカッションをしてみよう
学習した内容をふまえて、次のテーマについてディスカッションをしてみましょう

テーマ1 プライバシーの権利によって保護される内容にはどのようなものが考えられるでしょうか。また、プライバシーの侵害にあたる内容としてどのようなものが考えられるでしょうか。それぞれ具体例を示してみましょう。

テーマ2 Xは、14歳のときに2人の少年を殺害する事件を起こした。この事件は当時マスメディアに大きく取り上げられ、衝撃的な事件として社会的に議論を巻き起こした。その10年後、ジャーナリストのYは自らが運営するブログサイトで、「あれから10年──その後のX少年」と題する記事を投稿し、成人したXを実名で紹介した。Xは、すでに社会復帰しており、この投稿記事が自身のプライバシーを侵害するものとして削除を請求した。Xの主張は認められるでしょうか。

テーマ3 番号法に基づいて創設されたマイナンバー制度は、住民票を持つ国民一人ひとりに12桁の個人番号を付し、国や地方公共団体などの複数の行政機関に存在する個人情報と関連づけて、効率的な情報の連携をはかろうとするものである。これにより、税金や社会保障などの手続きが簡略化し、国民は個人情報をより簡単・便利に管理できるようになった。しかし、その一方で、個人番号によって個人情報が一括管理されることで、個人情報が流出した際には多大な被害を受ける危険性も懸念されている。Aらは、マイナンバー制度はプライバシーの権利を侵害するものとして、国に対して個人番号の削除を求めた。Aらの主張は認められるでしょうか。

第6章

生存権
すべての人に「人間らしい生活」が保障されているだろうか?

　今から100年以上前、ドイツ・ワイマール共和国で「経済生活の秩序は、すべての人に、人たるに値する生存を保障することを目指す正義の諸原則に適合するものでなければならない」(ワイマール憲法151条1項)ことが宣言されました。このような理念は「社会権」と呼ばれ、現在では日本を含む多くの国家の憲法に反映されるまでに至っています。しかし、20〜21世紀における社会権の運用は、世界規模に広がった社会経済情勢の影響を直接受けることが多く、社会権の理念を実現することは容易ではありませんでした。

　本章では、生活保護費の減額の是非をめぐって争われた事件を素材に、国民の「人たるに値する生存」をどう実現していくかについて考えます。

1 新聞記事に書かれた内容を項目ごとに整理してみよう

(毎日新聞2023年4月15日大阪朝刊25面)

生活保護費訴訟:生活保護費減、原告逆転敗訴
大阪高裁「厚労相、裁量の範囲」

　生活保護費の引き下げは生存権を保障した憲法25条に反するとして、大阪府内の受給者ら約40人が国や大阪市など12の居住自治体に減額決定の取り消しなどを求めた訴訟で、大阪高裁は14日、厚生労働相の判断を違法とした1審・大阪地裁判決を取り消し、受給者側の請求を一転して退ける判決を言い渡した。山田明裁判長は「厚労相の判断に裁量権の逸脱や乱用はない」と判断した。受給者の弁護団は最高裁に上告する方針を明らかにした。

　全国29地裁に起こされた一連の訴訟で2審判決は初めて。1審判決が出ている19件のうち、大阪や熊本、東京の3地裁を含む9件で減額決定が取り消される一方、10件は引き下げを妥当としており、司法判断が真っ二つに割れていた。

　国は2013〜15年の計3回、生活保護費のうち、日常生活に不可欠な食費や光熱費にあたる「生活扶助費」の基準額を改定し、平均6・5%、最大10%引き下げた。削減総額は約670億円で、各自治体は基準に沿って支給額を変更した。訴訟の争点は、厚労相の決定が裁量権の範囲といえるかどうかだった。

　判決はまず、健康で文化的な生活水準を維持できる基準額かどうかを判断する際、厚労相に専門技術的かつ政策的な見地から幅広い裁量権が認められると判示した。そのうえで、リーマ

ン・ショックで国民の生活水準が急速に悪化した08年以降、基準額は据え置かれたことで生活保護世帯の可処分所得は一般世帯と比べて実質的に増えており、引き下げはその不均衡を是正するためだと認定した。

山田裁判長は国が08年を起点に物価の下落率を算定した点についても、「厚労相の専門的な知見に基づいており、不合理な点はない」と指摘。減額決定の取り消しを認めず、受給者らが1人1万円の慰謝料を求めた賠償請求も退けた。

21年2月の大阪地裁判決は、原油や穀物の高騰など特異な物価上昇があった08年を起点とした点などを問題視。物価下落率が大きく反映される手法で引き下げたのは専門的知見などとの整合性を欠くとして、減額決定を取り消した。一方で、国の賠償責任は認めなかったため、受給者側と国側の双方が控訴していた。

厚労省保護課は「判決は改定が適法であると認められたものと承知している。今後も自治体との連携を図りつつ、生活保護行政の適正な実施に努めてまいりたい」とのコメントを出した。（安元久美子）

◆「苦しみ理解されず」

生活保護費を引き下げた国の判断を全面的に容認した14日の大阪高裁判決。裁判所の前には「不当判決」「司法の職責放棄」と書かれた紙が掲げられ、受給者や弁護団らからは失望や怒りの声が相次いだ。「ここまでひどい判決とは思わなかった。裁判長は私たちの苦しみを全く理解していない」。原告の一人として名を連ねた女性（63）は判決後、毎日新聞の取材にこう嘆いた。

女性は18年前、夫の暴力に耐えかね、中学生と高校生の子ども2人と家を飛び出した。スーパーで働いていたが家計は苦しく、生活保護を受けることに。心臓に重い疾患が見つかったのはそんな時だった。治療入院を強いられ、退院後も体調不良で仕事を続けられなくなった。生活保護と児童手当が「命綱」で何とかやりくりしていたのに、当時暮らしていたアパートの大家から「楽をしている」と心ない言葉を掛けられたことは今も忘れられない。

居住自治体から支給されていた毎月10万円ほどの保護費の減額が始まったのは2013年8月。月額で千数百円が引き下げられた。下着や靴下が破れても繕って使い続け、食料は消費期限が近い「見切り品」を中心に買い求める生活。姉が亡くなった時、「香典を渡せない」と親族に打ち明けたこともある。原材料価格の高騰で生活必需品や光熱費の値上がりが続く今、生活費を切り詰める生活は限界を迎えつつある。女性は「命を削って生きているが、これ以上何を節約すればいいのか」と訴えた。弁護団副団長の小久保哲郎弁護士は大阪市内で開かれた記者会見で、「国の主張をそのまま認める偏った判決で、司法への期待が踏みにじられた」と批判した。

九州大法学研究院の丸谷浩介教授（社会保障法）は「基準額は専門家の知見や統計などに基づいて改定されるべきだが、判決はリーマン・ショックの事情だけで原告の主張を一蹴している」と指摘。基準額を導く国独自の算出方法が専門家の部会に諮られなかった経緯を挙げ、「専門家よりも国の知見を重視する司法判断も、近年の行政訴訟の流れに反しており問題だ」と語った。（安元久美子、山本康介）

Q1.「誰」が「誰」に「何」を求めて訴えていますか。

Q2. 大阪高裁はどのような判決を言い渡しましたか。

Q3. 生活保護費の減額をめぐる全国の訴訟状況はどうなっていますか。

Q4. 訴訟の争点は何ですか。

Q5. Q4.の争点に関連して、大阪高裁はどのような判断を行いましたか。

Q6. 原告に有利な判決となった第1審の大阪地裁判決では、どのような点が問題視されましたか。

Q7. 大阪高裁判決に対する法律家の批判はどのようなものですか。

2 関連する法的な問題について、もう少し学んでみよう

1. 社会権の意義とは

社会権は、20世紀になってから認められるようになった新しい人権概念です。19世紀までの欧米では、封建的身分制度を克服して自由と平等を基本的な価値とする近代立憲国家が誕生していました。当時の「自由」といえば、信教の自由や言論の自由をはじめとする精神的自由と、財産権の保障を含む経済的自由など、いわゆる「国家からの自

食料と衣類を手に入れるために並ぶ、アフリカ系アメリカ人の洪水被災者の列

由」と称されるものです。このうち経済的自由は、国家に対して市民の経済活動の自由を尊重し、市場経済に介入しないことを求めるものでした*1。

*1　このような国家のありようを「小さな政府」と表現します。

ところが、自由な市場経済では、個人の力量や経験、もともと持っていた経済的資源の差など、現実の個人に存在する差が「結果の差」となって現れます。このような差は、産業革命を通して資本主義経済が発達するなかでますます拡大していき、財産権の保障（所有権不可侵の原則）によって、まるで「身分」のように子孫の代まで引き継がれるようになりました。こうした状況は、それまで近代憲法のもとで市場経済への不介入を貫いてきた近代国家にとって、経済活動の自由への向き合い方を修正しつつ、**社会福祉**や**社会保障**に力を入れるきっかけになったのです*2。

*2　「小さな政府」と比較して、社会福祉や社会保障に注力するようになった国家を「大きな政府」と表現します。

ワイマール憲法151条1項には、「経済生活の秩序」は「すべての人に、人たるに値する生存を保障することを目指す」とありますが、そのような秩序は経済生活への国家の介入なしに目指せるものではありません。国家は、労働者が資本家から搾取されないように法で保護したり、ときには**給付**を行って市民の生活を保障したりすることで、国民が「人たるに値する」生活を営むために必要な介入を行うようになったのです*3。一方で、20世紀になると、国民には「人たるに値する」生活のための介入を国家に要請する権利があると考えられるようになり、そのために必要な条件が「社会権」として各国の憲法に規定されるようになりました。社会権の意義をその歴史的な展開をふまえて考えると、経済活動の自由を制限し、生活がままならないすべての人に「人たるに値する生存」を保障するところにあるといえます。

*3　このような国家観を、それまでの「夜警国家」との比較で「福祉国家」といいます。

Q1. 社会権が生まれた経緯を簡潔に説明してください。

2. 日本国憲法における生存権の保障

日本国憲法は、25条から28条までが社会権の理念を反映したものとなっています*4。ここでは特に憲法25条に焦点をあてて見ていきます。

憲法25条は、1項において、すべての国民に「**健康で文化的な最低限度の生活を営む権利**」を保障しています。これは一般に**生存権**と呼ばれ、社会権的権利のなかで総則的な地位を占める規定です。また、2項では、国民の「すべての生活部面」で「社会福祉、社会保障及び公衆衛生の向上及び増進」に努める国の責務を定めています。これを受けて、国は生活保護や公的年金などの社会保障制度、さらには公衆衛生や国民の健康にかかわる各種の立法を行っています。

もっとも、国家による介入の要請を本質とする憲法25条は、国に対して「健康で文化的な最低限度の生活」の実現を求めているだけで、具体的に「どのレベルの生活」を実現させるかという点まで細かく規定はしていません。また、国の介入手段についても、「どういった法制度」で介入するかは、時代背景や社会の状況によってさまざまな選択肢が考えられます。憲法25条が積極的な介入を国に義務づけている以上、社会福祉や社会保障の問題に関して、どのレベルの介入をどういった方法で行うかといった立法政策にかかわる判断は、少なくとも一次的にはそのときどきの立法者に委ねられていると見るのが自然です。このことから、国には生存権を保障するために必要な選択肢を考え、そのなかからとるべき政策を選ぶ権限、いわゆる「**広範な立法裁量**」が与えられていると一般に考えられています。また、このような裁量の広さは、立法された政策を運用する際に厚生労働大臣など行政部門の判断を要する場面でも「**幅広い裁量権（行政裁量）**」として認められます。

＊4 日本国憲法の制定過程にはGHQ（連合国軍最高司令官総司令部）の民生局が深くかかわったことがよく知られていますが、社会権を保障した憲法25条の制定に関しては、日本側が中心となってワイマール憲法151条をモデルとして規定したとされます。

Q2. 生存権を具体化する立法を行う際、「広範な立法裁量」が認められるのはなぜですか。

3. 生存権は「権利」？それとも「指針」？

1 生存権の法的性格

憲法25条の本質が国家の介入を要請するものであるということは、生存権の権利としての「性格」を理解するうえで複雑な問題を生じさせます。なぜなら、

図6-1
自由権と社会権の違い

生存権を保障された国民にとっては、生存権実現のための介入方法を考える国に対して「どのような介入」を求めることができるのかが一義的に定まらないからです。また、「自由権」の各規定が伝統的に国家からの介入を防ぐというわかりやすい性格を持っており、国家の介入の是非を裁判で争うことができるのに対して、国家の介入を要請する「社会権（生存権）」の場合は、裁判を通して国の介入／不介入の是非を争うことが、そもそも可能なのかどうかも定かではありませんでした。

2　生存権の法的性格をめぐる学説の展開

　生存権の性格について、初期の有力な学説は、国政における指針（プログラム）を宣言したものにすぎず、国民の権利を規定したものではないとする**プログラム規定説**をとっていました。この立場によると、仮に国家が国民の生存権を保障するための具体的な施策を行わなかったとしても、国民にはなんらかの施策を要請する「権利」は認められず、国民は裁判で「生存権の侵害」を争うことができません。しかし、それではせっかく「健康で文化的な最低限度の生活」が権利として保障された意味がなくなってしまいます。そこで、生存権侵害の有無を裁判で争えるよう、生存権に裁判規範性[*5]を認めようとする学説が現れました。

　現在通説とされているのは、**抽象的権利説**と呼ばれる立場です。この立場では、生存権は、裁判を通して国の具体的な介入を要請することまではできないものの、すでに国の介入（施策）が行われている場合は、その介入が妥当かどうかを裁判で争う権利として機能します。一方で、国が必要な施策を怠っている場合には、生存権を直接の根拠として立法不作為[*6]の違憲確認訴訟を提起できるとする**具体的権利説**も有力に主張されてきました。さらに近年では、明らかに「健康で文化的な最低限度」を下回る場合に、生活に不足している金額の給付を求めることができるとする**言葉どおりの具体的権利説**という立場も現れています。

　ただ、生存権を実現するための各種の法制度が整備されている現在では、立法不作為の違憲性を問う余地はほぼありません。すでになんらかの施策がなされている前提で、裁判を通して施策の不十分さを問う「権利」として生存権を活用していくならば、純粋なプログラム規定説を採用するのでもない限り、これらの立場を区別する実益はそれほどなさそうです[*7]。問題はむしろ、裁判を通して国の施策の「内容」を統制するためのどのような基準が生存権から導けるのかということになります。そのことについて触れる前に、代表的な判例をいくつか見ておきましょう。

＊5　裁判規範性
　ある規範が裁判のなかで適用可能な基準であることをいいます。

＊6　立法不作為
　国が必要な立法措置を講じていないことをいいます。

＊7　後述する朝日訴訟以降は、最高裁も生存権の裁判規範性を認めてきました。

Q3. 生存権の法的性格については、どのような学説がありますか。また、通説はどの立場ですか。

4.　生存権をめぐる判例

1　朝日訴訟

　生存権をめぐる事件のなかで最も有名であり、か
つ社会に大きな影響を与えた事件が**朝日訴訟**です*8。
この事件では、生活保護法に基づいて当時の厚生大
臣が定めた生活保護基準の違法性、違憲性が争われ
ました*9。最高裁は、傍論*10のなかで憲法25条につ
いて、「すべての国民が健康で文化的な最低限度の生
活を営み得るように国政を運営すべきことを国の責務

朝日訴訟「人間裁判」の記念碑

として宣言したにとどまり、直接個々の国民に対して具体的権利を賦与したもの
ではない」と解しました。他方で、厚生大臣（当時）の裁量については、「憲法およ
び生活保護法の趣旨・目的に反し、法律によつて与えられた裁量権の限界をこえ
た場合または裁量権を濫用した場合には、違法な行為として司法審査の対象とな
る」として、一定の場合には**司法による行政裁量統制**を可能とする抽象的権利説
に近い考えを示しています。こうした考え方は、のちの**堀木訴訟**においても踏襲
されています*11。もっとも、統制の実効性に関しては、「明白性の原則」*12や「合
理性の基準」*13に基づいて、裁量権の逸脱・濫用が明らかな場面や著しく合理性
を欠く場面に限って違憲性・違法性が認められるとしたことで、結果的に司法に
よる統制の強度が弱まってしまい、学説からの批判を集めることになりました。

2　学生無年金障害者訴訟

　学生無年金障害者訴訟は、学生を強制加入の対象としていない当時の国民年
金制度の違憲性と、公的年金の受給が認められない者への補完的措置を講じて
いない立法不作為の違憲性が争われた事件です*14。最高裁は、堀木訴訟を踏
襲して公的年金制度に関する広範な立法裁量を認めたうえで、「国民年金に加
入するかどうかを20歳以上の学生の意思にゆだねることとした措置は、著しく
合理性を欠くということはでき」ないとして原告の請求を棄却しました。また、
立法不作為の違憲性についても「無拠出制の年金を支給する旨の規定を設ける

*8　最大判昭和42年
5月24日民集21巻5号
1043頁。

*9　第一審は生活扶助
基準の違法を認定しま
したが、控訴審は広範
な立法裁量を認めて原告の請
求を棄却しました。上告
中に原告が死去したため
訴訟自体は打ち切られ
ましたが、最高裁は事案の
重要性に鑑みて傍論のな
かで生存権に対する考え
方を表明しました。こう
した経緯から朝日訴訟は
「人間裁判」と呼ばれるこ
ともあります。

*10　**傍論**　判決のな
かで示された主文を導く
ための判決理由とは異な
り、法的拘束力を持たな
い意見をいいます。

*11　生存権をめぐる裁
判のリーディングケース
として知られる事件で、
社会保障給付の併給を禁
止する法律の規定が生存
権を侵害するかどうかが
争われた事案です（最大
判昭和57年7月7日民集
36巻7号1235頁）。

*12　**明白性の原則**
　問題となった法律が著
しく不合理であることが
明白でない限り、合憲と
する審査基準をいいます。

*13　**合理性の基準**
　問題となった法律の立
法目的や目的達成の手段
に、それぞれ合理性が認
められる場合は合憲とす
る審査基準をいいます。

＊14　最判平成19年9月28日民集61巻6号2345頁。

などの所論の措置を講じるかどうかは、立法府の裁量の範囲に属する事柄というべき」として同様に請求を棄却しています。

3　老齢加算廃止訴訟

＊15　最判平成24年2月28日民集66巻3号1240頁。

　近年の判例のなかには、国の判断や手続きに統制を及ぼそうとするものも見られます。生活保護基準の改定によって生活扶助の老齢加算枠が廃止されたことの違憲性が争われた事案において＊15、最高裁は、①最低限度の生活の具体化に係る厚生労働大臣の判断の過程および手続きにおける過誤がある場合、②老齢加算の廃止を決める際に、被保護者の期待的利益や生活への影響などを十分に考慮しないなど裁量権の逸脱・濫用があると認められる場合には、厚生労働大臣の決定は生活保護法3条・8条2項に違反することになると判示しました。ただ、結論では、裁量権の逸脱や濫用はなかったとして原告の請求は棄却されています。

Q4. 生存権の法的性格に関する最高裁の考え方はどのようなものですか。

5.｜生存権保障の現在地

1　判例の展開からわかること

　以上のような判例の展開からは2つの特徴が見えてきます。第一の特徴として、最高裁は生存権をたんなる「指針」としてではなく、国の施策の「内容」を客観的に判断する「ものさし」として活用してきたという点です。特に老齢加算廃止訴訟で示したように、国の判断や手続きの結果について審査するだけでなく、判断や手続きの過程についても審査することで、「健康で文化的な最低限度」という規範的要請を司法の手で補完しようとする姿勢は評価できます。一方で、最高裁は国の裁量を審査する際に、「明白性の原則」や「合理性の基準」などの緩やかな審査基準を用いて広範な裁量の余地を認めることが多く、そのことが結果的に生存権の規範的要請を弱めている点が第二の特徴といえます。

2　司法による統制が弱まると……？

　冒頭の新聞記事にあったように、生活保護基準をめぐる国の裁量が問題となる際に、司法が国の一次的な判断を尊重しすぎると、制度による十分な保護を

受けられない人が出てくることが懸念されます。それどころか、問題は「生活保護費の引き下げ」にとどまりません。一つの社会保障制度の「後退」は、そのほかの社会保障制度にも影響を及ぼします。医療費の高齢者負担割合の増加や介護サービス利用者負担割合の増加、年金支給年齢の引き上げなどはその典型といえます。しかも、生活保護基準が引き下げられると、労働（最低賃金）、税金（住民税の非課税対象）、教育（就学援助）なども連動して影響を受けるので、この問題の**潜在的な当事者**は数十人どころの話ではなくなるでしょう。

　関連して、外国人の生存権保障についても考えてみましょう。第3章でも触れられていたように、「外国人」は社会権の享有主体ではありません*16。したがって、生活に困窮しても日本人のように生活保護を受けることが難しく*17、なかなか困窮状態から脱することができません*18。ウクライナ戦争や長引くコロナ禍の影響により深刻な生活危機に直面する在留外国人はますます増加していると思われますが、彼らにとっては、行政の施策も司法の対応も**セーフティネット**足りえないのが現状です。

3　「すべての人」に生存権の保障が及ばなくなると……？

　社会権の実現はあくまでも国の介入があってのものですから、国側に広範な裁量の余地を認める法的な理由はあります。しかし、だからといって司法による立法や行政への統制が弱いままでは、「すべての人に、人たるに値する生存を保障する」という社会権の理念は空虚なものになりかねません。また、社会権の対象は低所得世帯や高齢者、障害者などのいわゆる**社会的弱者**ですが、これらの人々への社会的支援の後退は、**生活保護バッシング***19のように社会的な差別と偏見を伴う場合があります。こうした状況を放置することは「弱者の切り捨て」や「社会の分断」といった深刻な社会状態につながることも懸念されるでしょう。社会保障をめぐる立法者の専門的・技術的判断を尊重しつつも、「すべての人に、人たるに値する生存を保障する」ために、どのように考え、対応していくべきでしょうか。

Q5. 国の政策的判断に司法の統制が及ばなくなると、どういった問題が生じますか。

---

*16　「外国人」の享有主体については、第3章（p.32）を参照してください。

*17　困窮外国人も「準用措置」という形で保護することは可能ですが、対象者は、「永住者」や「定住者」などの在留資格を有する一部に限定されています。

*18　2022（令和4）年末の時点で、日本には約300万人の在留外国人が暮らしています。加えて、在留資格を持たない超過滞在者は同時点で7万人を超えています。

*19　生活保護バッシング　生活保護を不正に受け取っている、生活保護でぜいたくをしているなど、一部の事例を取り上げて生活保護受給者全体を批判する言説をいいます。

6.　生存権の意義を実現するために

1　学説における裁量統制のアイデア

　近年の憲法学では、生存権の理念に鑑みて、司法による社会保障政策への統制を実効的なものにするべく、さまざまな工夫がなされています。学説が提案する裁量統制のアイデアのいくつかを見ていきましょう。

① **平等原則を適用する考え方**　　従来の生存権訴訟の当事者が単身高齢者やひとり親などであることに着目し、これを**社会的身分**と位置づけて**相対的な差別**にかかわる事案であるとみなし、「厳格な合理性の基準」[20]を用いて審査しようという考え方です。

② **判断過程を統制する考え方**　　立法の過程や制度の運用過程など国の政策的判断のプロセスで、どのように専門的・技術的な考慮がなされたのかを問題として、「人間らしい生活」という生存権の趣旨が適切に反映されている判断・手続きかどうかを審査する考え方です。

③ **制度後退を禁止する考え方**　　②の判断過程統制に属する一つの考え方ですが、生存権を具体化するものとして確立された制度や基準を「人間としての生活」の最低限度の内容ととらえて、正当な理由なく制度を後退させる場合は厳格な審査基準によって審査すべきとする考え方です。

2　生存権の意義を実現するために私たちができること

　これらのアイデアは、司法による立法・行政裁量統制を実効的なものにして、生存権の規範的要請を実現していこうとするものですが、そういった意味では裁判のなかでこそ活きる考え方であり、「当事者」以外の人にとってはあまりピンとこないかもしれません。その場合は、冒頭の新聞記事を参考にしながら、生活保護世帯にとって「月に千数百円の減額」がどれほどの重みを持っているか、生活困窮者がまず何から削っていくのかを想像してみてください。

　生存権の実現は「立法・行政・司法だけの問題」ではありませんし、そうすべきものでもありません。これからの社会が「すべての人に、人たるに値する生存を」実現するものになっていくかどうかは、結局のところ**主権者**たる私たちの心構え次第なのです。

＊20　厳格な合理性の基準　合理性の基準の強度を高めるために、立法目的の重要性を立証し、かつ、目的と手段のあいだにたんなる合理的な関連性を超える「実質的な関連性」を立証した場合に合憲とする審査基準をいいます。

Q6. 老齢加算廃止訴訟で最高裁が採用した考え方はどれでしょうか。

ディスカッションをしてみよう
学習した内容をふまえて、次のテーマについてディスカッションをしてみましょう

テーマ1　最低限の衣食住が保障されていれば「人間らしい生活」といえるでしょうか。

テーマ2　「健康で文化的な最低限度の生活」に必要なものを具体的にあげていってください。また、あなたが住む地域の生活保護等級を調べてみて、実際にどのような生活が可能か話し合ってみましょう。

テーマ3　「ひとり親世帯」「単身高齢者」「障害者」「ホームレス」「定住外国人」「在留外国人」の生存権の実現には、それぞれどのような支援が必要か、またどのような課題や問題が考えられるかを話し合ってみましょう。

第**7**章

婚姻の平等
同性婚を認めない民法や戸籍法の規定は
憲法に違反するのだろうか?

　本章では、同性婚を認めない民法や戸籍法の規定(以下、「本件規定」という)が憲法24条1項、同条2項および14条などに違反するかが争われた事件を素材に、婚姻の平等について学習します。

　同性婚をめぐっては、2023年(令和5)8月現在、全国5か所の地方裁判所において「違憲」「違憲状態」「合憲」とする判断がなされており、今後、高等裁判所や最高裁判所がどのような判断をするか注目されています。本件規定について地方裁判所がどのように判断したかを見ることで、法の下の平等に対する理解を深めましょう。

1 新聞記事に書かれた内容を項目ごとに整理してみよう

(日本経済新聞2023年6月9日朝刊39面)

同性婚、割れる憲法判断
地裁判決5件、高裁審理へ

　同性婚を認めない民法などの規定は憲法に反するとして、同性カップルが全国5地裁に起こした訴訟の一審判決が8日、出そろった。同日の福岡地裁は「違憲状態」とし、一連の訴訟の判断は違憲2件、違憲状態2件、合憲1件と分かれた。

◆ 福岡地裁は「違憲状態」

　社会情勢の変化を踏まえて早期の立法措置を促す指摘が目立ち、同性婚を巡る議論に影響する可能性がある。高裁や最高裁の憲法判断が今後の焦点となる。

同性婚訴訟・全国地裁の憲法判断

	24条1項 婚姻の自由	24条2項 個人の尊厳	14条 法の下の平等
札幌	合憲	合憲	違憲
大阪	合憲	合憲	合憲
東京	合憲	違憲状態	合憲
名古屋	合憲	違憲	違憲
福岡	合憲	違憲状態	合憲

婚姻について定めた民法や戸籍法の規定は異性間を前提としている。一連の訴訟は現行制度について「婚姻の自由」を保障する憲法24条1項、「個人の尊厳」を定める同2項、および「法の下の平等」を規定する憲法14条に違反するかどう

かが主な争点となった。

原告側は「婚姻の自由を不当に侵害し、性別や性的指向を理由に不当な差別的扱いをされた」と主張。婚姻届を受理されなかったのは「立法裁量を逸脱している」として、規定そのものが憲法違反だと訴えた。

対する国側は「憲法が保障する婚姻は異性同士のものに限られる」などと反論。「性的少数者でも異性とは婚姻できるから平等だ」として請求棄却を求めた。

福岡地裁（上田洋幸裁判長）は8日、「同性カップルに婚姻制度の利用によって得られる利益を一切認めず、自ら選んだ相手と法的に家族になる手段を与えていない規定は憲法に違反する状態」と判断。「個人の尊厳」を定める憲法24条2項について違憲状態と判示した。

「婚姻の自由」を保障する同1項や「法の下の平等」を規定する憲法14条については合憲とした。

5地裁の判断を分けたポイントは大きく2つある。婚姻によって享受できる利益の評価と、現行制度が想定する「家族観」や同性婚を巡る社会情勢だ。

福岡地裁判決は「婚姻は男女によるものという社会通念は変遷しつつあるものの、現在においてなお失われていない」と指摘した。

同性カップルの不利益を解消する取り組みについては、海外各国で採用されている「パートナーシップ制度」が内容次第で婚姻制度の代わりになり得るとし、同様の制度を国によって講じるべきかどうかも含めて今後の議論に委ねた。

大阪地裁は同性婚を認めない現行制度は「歴史的、伝統的に社会に定着している」とし、異性間の婚姻は「男女が子を産み育てる関係を社会が保護する」目的があるとした。

同性間の関係に法的保護を与えることは「議論の過程にある」とするにとどめ、異性カップルが受ける利益との差異は緩和されつつあるとも評価した。

東京地裁も同様に、婚姻を異性間に限る背景として「男女が子を産み育て、家族として共同生活を送りながら次世代につないでいく人間の営

み」があるとした。

だが、国が異性カップルに保護される権利などを保障する法制度を整えていないことは「人格的生存に対する重大な脅威」と強調し、憲法に反する状態にあるとした。

性的指向を「自らの意思で選択、変更できない」ことを前提にした札幌地裁判決は、同性カップルが相続や親権などの権利を享受できない現行制度を「合理的な根拠を欠く差別的な取り扱い」と強く批判した。

5月の名古屋地裁判決も、国内外で同性カップルへの理解が広がっている現状を重視。「理解が進み、承認しようとする傾向が加速している」と言及した。

近年の意識調査の結果も踏まえ「男女を中核とした伝統的な家族観は唯一絶対のものではなくなった」とした。

現行の婚姻制度がつくられて70年以上がたつ。海外では近年、同性婚を認める動きが広がる。

NPO法人EMA日本によると、2001年のオランダを皮切りに34の国・地域が同性婚を法制化。主要7カ国（G7）で対応を取っていないのは日本だけとなり、日本が議長国を務めた5月のG7サミットの首脳宣言にも「あらゆる人々が性自認、性的指向に関係なく生き生きと人生を享受できる社会を実現する」との文言が盛り込まれた。

5件の訴訟の審理は今後、高裁で続く見通し。一審判決の憲法判断は分かれたものの、国内の各自治体がそれぞれ整備を進めている制度に加え、国が旗振り役となって法的枠組みを整えるように促す文言は共通した。

裁判手続きと並行し、国民感情や海外情勢などを踏まえて同性婚制度を巡る議論が進む可能性がある。

早稲田大の棚村政行教授（家族法）は福岡地裁判決について「司法の場で性的マイノリティーの権利擁護や差別撤廃に向けた流れが改めて確認された」と指摘する。一連の判決では国会での議論を促した点が共通するとして「国会は早期に対応しなければ、司法のメッセージを軽んじているように受け取られるだろう」と話している。

Q1. どのような法的な問題が取り上げられていますか。

Q2. 原告（同性カップル）側の主張はどのようなものですか。

Q3. 被告（国）側の主張はどのようなものですか。

Q4. 本件規定が「個人の尊厳」を定める憲法24条2項について違反する状態にあると判示するにあたって、福岡地裁はどのように述べていますか。

Q5. 5地裁の判断を分けたポイントは何ですか。

Q6. 札幌地裁判決は、婚姻によって享受できる利益の評価に関してどのように述べていますか。

Q7. 名古屋地裁判決は、現行制度が想定する「家族観」や同性婚をめぐる社会情勢に関してどのように述べていますか。

Q8. 諸外国における同性婚の取扱いはどのようになっていますか。

② 関連する法的な問題について、もう少し学んでみよう

1. 国内外における同性婚の歴史と現状

同性婚・同性愛・性的指向という言葉の意味から確認していきましょう。

同性婚とは、同性の者同士が婚姻することをいい、異性婚と同様の婚姻を認めるものをいいます。また、関連する制度として、**シビル＝ユニオン**や**シビル＝パートナーシップ**というものがありますが、これは婚姻とは異なる制度によって、婚姻に類似する法的な保障を認めるものです。

同性愛や同性婚には、人の恋愛感情や性的関心がどの性を対象とするかという**性的指向**（セクシュアル＝オリエンテーション）が特に関係しています。性的指向が同性に向く人を**ゲイ**（男性同性愛者）または**レズビアン**（女性同性愛者）、両性に向く人を**バイセクシュアル**（両性愛者）と呼びます。かつて同性愛は精神障害ないし精神疾患と見なされたこともありましたが、今日の精神医学・心理学上、そのような見方は否定されています。

なお、LGBTという場合のT（**トランスジェンダー**）は、自分が自分の性別をどう思うかという**性自認**（ジェンダー＝アイデンティティ）に関して、出生時に割り当てられた性別と自分の認識する性別が異なる人をいいます。

新聞記事にもあるように、同性婚は、2001年にオランダではじめて実現されました。そして、2023年8月現在の情報では、記事にある34の国・地域にさらにネパール（2023年6月28日以降）とエストニア（2024年1月1日以降）の2か国が加わりました。G7（主要7か国）でいえば、カナダ、フランス、英国、米国およびドイツで同性婚が認められており、イタリアでは結婚に準ずる権利を認めるシビル＝ユニオンが導入されています。しかしながら一方で、世界には、同性婚を認めていない国や同性愛を犯罪として扱う国なども存在しています。

わが国では、2015（平成27）年に東京都の渋谷区と世田谷区で**同性パートナーシップ制度**が施行され、「証明」ないし「宣誓」という形で同性カップルを保護する仕組みが全国の地方公共団体に拡大しているところです。ただし、国レベルで同性婚を法律婚として認めるまでには至っていません。

Q1. 同性婚・同性愛・性的指向とはなにかを説明してみましょう。

---

2. 同性パートナーシップ制度と同性婚の違い

　　　　　　同性パートナーシップ制度の要件や効力は地方公共団体によってさまざまですが、ここでは、条例を根拠とする渋谷区と要綱を根拠とする世田谷区を比較してみましょう。

　　　　　渋谷区の制度は、**条例**（正式名称：渋谷区男女平等及び多様性を尊重する社会を推進する条例）を根拠としており、申請するためには住所・年齢・ほかの配偶者の不在などの要件のほか、公正証書の作成が必要です。そして、区が行うパートナーシップ証明には、区内の私人に対しては最大限の配慮を行う義務が、区内の公共的団体などに対しては十分な尊重と公平・適切な対応の義務が、それぞれ課されるなど一定の効力を持つ内容となっています。

　　　　　これに対し、世田谷区の制度は、**要綱**（正式名称：世田谷区パートナーシップ・ファミリーシップの宣誓の取扱いに関する要綱［2022年11月1日以降］）を根拠としており、申請するためには渋谷区の場合と同様の要件を満たさなければなりませんが、公正証書の作成は必要とされていません。パートナーシップ宣誓に伴い、宣誓書受領証が交付されますが、この宣誓自体に法的な効力は生じません。

　　　　　法律婚としての同性婚が認められていない現状において、同性パートナーシップ制度には、パートナーとの関係を公的に認証し、同性カップルに対する差別や偏見の解消に役立つなどさまざまな効果が期待されています。しかしながら、同性パートナーシップ制度は、法律婚のように、戸籍上夫婦として表示される、民法上、同居・協力・扶助義務が発生する、法定相続人になる、所得税や相続税の配偶者控除を受けられる、共同で親権を持つことができるなどの法的な権利・義務を生じさせるものではなく、法律婚とは大きく異なる制度であることは確かです。

Q2. 同性パートナーシップ制度と同性婚の違いを整理してみましょう。

3.　同性婚と憲法・法律の関係

わが国の法律上または憲法上、同性婚はどのような取扱いになっているでしょうか。

婚姻制度を定める民法や戸籍法の規定は、明文で同性婚を禁止するものではありません。しかし、これらの規定が「夫婦」「夫」「妻」という文言を用いていることなどから、実務上、同性婚は認められないと解されています。そのため、同性カップルが婚姻届を提出しても、男性同士または女性同士を当事者とする婚姻届は不適法であるとして、不受理とされてしまいます。

婚姻と家族について定める憲法24条も、婚姻について「両性」や「夫婦」という文言を用いています。そのため、憲法24条によって同性婚が積極的に禁止されると解する見解（**禁止説**）も見られます。しかしながら、現在では、憲法24条の文理解釈*1および制定経緯*2の双方から、憲法は同性婚を禁止していないと解する見解（**許容説**）が一般的になりつつあります。

憲法24条の規定について、最高裁（再婚禁止期間一部違憲判決*3・夫婦同氏違憲訴訟*4）は、1項は「婚姻をするかどうか、いつ誰と婚姻をするかについては、当事者間の自由かつ平等な意思決定に委ねられるべきであるという趣旨を明らかにしたもの」、2項は「婚姻及び家族に関する事項」について、「具体的な制度の構築を第一次的には国会の合理的な立法裁量に委ねる」一方、「その立法に当たっては、個人の尊厳と両性の本質的平等に立脚すべきであるとする要請、指針を示すことによって、その裁量の限界を画したもの」と解しています。つまり、1項によって婚姻の自由が保障され*5、婚姻や家族に関する国会の自由な判断（立法裁量）にも、2項の「個人の尊厳」や「両性の本質的平等」に照らして一定の限界があることが示されました。

*1　憲法24条1項の「婚姻は両性の合意のみに基いて成立」するという文章には、異性婚だけが許されるとか同性婚は許されないという意味は含まれていないということを指します。

*2　憲法24条1項は、封建的な「家」制度を否定・廃止し、戸主の同意を要することなく当事者（男性も女性も）の合意のみに基づいて婚姻が成立することを確認する規定であるといわれています。

*3　最大判平成27年12月16日民集69巻8号2427頁。

*4　最大判平成27年12月16日民集69巻8号2586頁。

*5　再婚禁止期間一部違憲判決は、「婚姻をするについての自由は、憲法24条1項の規定の趣旨に照らし、十分尊重に値する」と述べています。

Q3. 同性婚を認めることが憲法24条に違反するかについて、禁止説と許容説の根拠を整理してみましょう。

4.　同性婚訴訟の争点

1　5地裁の判断の概要

新聞記事では、①札幌地判令和3年3月17日、②大阪地判令和4年6月20日、

73

③東京地判令和4年11月30日、④名古屋地判令和5年5月30日、⑤福岡地判令和5年6月8日という5件の地方裁判所の判決が紹介されていました＊6。

　いずれも婚姻届を不受理とされた同性カップルにより提起された訴訟であり、そこでは、第一に、本件規定が**憲法24条・13条**および**14条1項**に違反するか、第二に、本件規定を国会が改正・廃止しないことが**国家賠償法1条1項**の適用上違法であるかが争点となっています＊7。

　第一の違憲性に関する争点については、①札幌地裁が憲法14条1項違反、④名古屋地裁が憲法24条2項・14条1項違反、③東京地裁と⑤福岡地裁が憲法24条2項に違反する状態にある＊8、②大阪地裁が合憲と判示しました＊9。第二の国家賠償法上の違法性に関する争点については、①から⑤のすべての地裁が請求を棄却しています。

　以下では、最初の判決である札幌地裁判決を見ていきましょう。そのために、まずは憲法14条1項の法の下の平等について確認します。

2　法の下の平等について

　憲法14条1項は、「すべて国民は、法の下に平等であつて、人種、信条、性別、社会的身分又は門地により、政治的、経済的又は社会的関係において、差別されない」と定め、立法権を含むあらゆる国家権力が国民を差別してはならないことを規定しています。

　同条にいう「平等」は、各人を機械的に均等に取り扱うという絶対的平等ではなく、等しいものは等しく、等しくないものは等しくないものとして取り扱うという**相対的平等**＊10を意味します。したがって、法的な差別的取扱いは、事柄の性質に応じた合理的な根拠に基づくものであれば**合理的な区別**として**合憲**となり、合理的な根拠に基づかないものであれば**不合理な差別**として**違憲**となります。

　また、判例は、「人種、信条、性別、社会的身分又は門地」という憲法14条1項後段列挙事由について**例示列挙**であると解しており＊11、これ以外の事由による不合理な差別的取扱い（たとえば、年齢や障害に基づく差別的取扱いなど）もまた同条により禁止されます。そして、何が合理的な区別で何が不合理な差別かは、基本的に当該差別的取扱いの**目的**（法が誰かと誰かを区別することで実現しようとする目的）と**手段**（その目的を達成するために採用されている手段）の2つの段階で審査されます＊12。

　本件規定は、性的指向に基づいて異性カップルには婚姻を認めるが同性カップルには婚姻を認めない点で、差別的取扱いを行うものと解されます。この点、札幌地裁は、本件規定の目的や手段の合理性についてどのように判断しているでしょうか。

Q4. 憲法14条1項にいう「平等」の意味と違憲審査の枠組みは、どのようなものですか。

＊11　この点、学説においては、憲法14条1項後段列挙事由を例示列挙であると解しながら、差別事由が列挙事項に該当する場合には、裁判所は厳格に当該差別的取扱いの合憲性を審査すべきという見解も有力に主張されています。

＊12　婚外子法廷相続分違憲決定（最大決平成25年9月4日民集67巻6号1320頁）などいくつかの例外もあります。

5.　札幌地方裁判所の判決

　札幌地裁は、わが国における婚姻制度の歴史、同性愛に関する知見の変遷、諸外国における同性婚の状況、婚姻の統計や同性婚の賛否などに関する意識調査などを概観したのち、上記の第一の争点に対する検討を行っていきます。

1　憲法13条・14条1項または24条に違反するものであるか

　札幌地裁は、憲法24条が同性婚を禁止していないとの前提のもとで、同性カップルの婚姻の自由の制約という側面（憲法24条・13条）と、異性カップルと同性カップルの差別という側面（憲法14条1項）に分けて、本件規定の合憲性を判断しています。

(1) 本件規定は憲法24条または13条に違反するか

　第一に、本件規定が憲法24条または13条に違反するかについて、札幌地裁は次のように述べます。憲法24条の「制定経緯に加え、同条が『両性』、『夫婦』という異性同士である男女を想起させる文言を用いていることにも照らせば、同条は、異性婚について定めたものであり、同性婚について定めるものではない」、「そうすると、同条1項の『婚姻』とは異性婚のことをいい、婚姻をするについての自由も、異性婚について及ぶものと解するのが相当である」。また、「婚姻及び家族に関する個別規定である〔憲法24〕条の……趣旨を踏まえて解釈するのであれば、包括的な人権規定である同法13条によって、同性婚を含む同性間の婚姻及び家族に関する特定の制度を求める権利が保障されていると解するのは困難である」。このように、憲法24条および13条については、憲法24条にいう「婚姻」は異性婚であるという認識のもとで、原告の主張は退けられました。

(2) 本件区別取扱いは憲法14条1項に違反するか

　第二に、札幌地裁は、同性間の婚姻と家族に関する国会の立法裁量を広範に認めたうえで、本件規定に基づく異性カップルと同性カップルの区別取扱いが憲法14条1項に違反するかどうか*13、すなわち、本件の区別取扱いが合理的根拠に基づくものであるかどうかを検討します。

　目的と手段の審査に先立って、札幌地裁は、性的指向のような「人の意思によって選択・変更できない事柄に基づく区別取扱いが合理的根拠を有するか否かの検討は、その立法事実の有無・内容、立法目的、制約される法的利益の内容などに照らして真にやむを得ない区別取扱いであるか否かの観点から慎重にされなければならない」と述べ、本件の区別取扱いの合憲性について慎重な検討を要することを確認します*14。また、「婚姻によって生じる法的効果を享受する利益」について、異性愛者と同性愛者の違いは性的指向の違いのみであってそれが人の意思によって選択・変更できないことに照らし、「異性愛者であっても同性愛者であっても、等しく享有し得る重要な利益」であることを強調します。

　そのうえで、本件規定の目的に関しては、「夫婦が子を産み育てながら共同生活を送るという関係」を保護するとともに「夫婦の共同生活自体」を保護するという「本件規定の目的そのものは正当である」と評価します。しかしながら、本件規定の手段に関しては、「本件規定が、異性愛者に対しては婚姻という制度を利用する機会を提供しているにもかかわらず、同性愛者に対しては、婚姻によって生じる法的効果の一部ですらもこれを享受する法的手段を提供しないとしていることは、立法府が広範な立法裁量を有することを前提としても、その裁量権の範囲を超えたものであるといわざるを得ず、本件区別取扱いは、その限度で合理的根拠を欠く差別取扱いに当たる」。「したがって、本件規定は、上記の限度で憲法14条1項に違反する」と判示しました。

　ここでは、①目的審査において、夫婦が子を産み育てることの保護と夫婦が共同生活を送ることの保護の両面について、婚姻制度の重要な目的とされていること、②手段審査において、「一部ですらも」や「上記の限度で」という言葉に表れているように、憲法14条1項違反の解消の方法には多種多様なものがあり得ること（同性婚を認めるという選択肢もあれば、同性カップルに異性カップルと同じ婚姻によって生じる法的効果を認めるという選択肢もあります）が示唆されていることについても注目してください。

2　国家賠償法1条1項の適用上違法であるか

　札幌地裁は、本件規定について憲法14条1項違反であると判断しました。しかし、上記の第二の争点に関し、札幌地裁は、諸外国における同性婚の導入や

*13　札幌地裁は、婚姻とは、婚姻当事者などの身分関係を形成・公証し、その身分に応じた種々の権利義務を伴う法的地位を付与するという複合的な法的効果を生じさせる法律行為であるとしたうえで、本件規定が婚姻によって生じる法的効果の享受の有無に関して、異性カップルと同性カップルで区別取扱いを行うものと述べています。

*14　この慎重な検討に関しては、性的指向が「人の意思によって選択・変更できない事柄」であることから、裁判所として厳格に合憲性を審査する姿勢を示したものと解されます。なお、国籍法違憲訴訟（最大判平成20年6月4日民集62巻6号1367頁）なども参照してください。

わが国における同性パートナーシップ制度の導入、そして、同性婚などへの国民意識が肯定的になったことや同性婚に関して国会が議論するようになったことなどが比較的近時のことであって、さらには、同性婚制度がないことの合憲性についてこれまで裁判所として一度も判断したことがなかったことを指摘します。

　そうであるところ、結論としては、本件規定が「憲法上保障され又は保護されている権利利益を合理的な理由なく制約するものとして憲法の規定に違反することが明白であるにもかかわらず、国会が正当な理由なく長期にわたって改廃等の立法措置を怠っていたと評価することはできない」と述べ、国家賠償法1条1項の適用上、違法の評価を受けるものではないと判示しました。

Q5. 札幌地裁判決は、本件規定の合憲性についてどのように判断しましたか。憲法24条、13条および14条1項についてそれぞれまとめましょう。

ディスカッションをしてみよう
学習した内容をふまえて、次のテーマについてディスカッションをしてみましょう

テーマ1 　現代における婚姻の意義、ひいては憲法または法律によって保護されるべき婚姻とはどのようなものでしょうか。

テーマ2 　同性カップルに対する法的保護のあり方として、どのような制度が妥当といえるでしょうか。

テーマ3 　「性同一性障害者の性別の取扱いの特例に関する法律」3条1項2号は、性別変更の要件の一つとして、「現に婚姻をしていないこと」を掲げています。この規定の趣旨は、「現に婚姻をしている者について性別の取扱いの変更を認めた場合、異性間においてのみ婚姻が認められている現在の婚姻秩序に混乱を生じさせかねない等の配慮に基づくもの」と説明されますが、この規定は憲法13条・14条1項または24条に違反しないでしょうか（最決令和2年3月11日参照）。

第**8**章

自己決定権
患者の自己決定は認められるか？

　本章では、医療現場での安楽死や尊厳死が問題となった事件（東海大学病院事件）を素材
として、自己決定権について考えます。憲法は13条で幸福追求権を保障しており、そのなか
に自己決定権が含まれると一般的に理解されていますが、特に医療現場において、患者が自
らの生命や身体の処分を決めるような自己決定権も保障されると考えられるでしょうか。

　近年、医療技術の発達によってさまざまな病気の治療が可能となり、またその一方で、
治療の見込みのない患者に対しても延命治療を行うことが可能になりました。しかしこ
うした延命治療を行うことによって、患者本人の病苦を引き延ばしてしまったり、意識が
ない状態で本人の意思に反して延命がなされたりするなどの問題が、実際に起こってい
ます。そのため、実際の医療現場においては、患者本人がその苦痛から逃れるために死
を望んだり、また患者本人に意識がないために、その家族や親しい人がそれを医療従事
者に求めたりする場面もあります。

　これらの問題は、一般的に「安楽死」や「尊厳死」の問題として議論されることがありま
すが、治療の見込みのない終末期医療の場面で、はたして人は、死を選択したり、誰か
にそれを行ってもらったりする権利があるのでしょうか。またその行動を求められた医
療従事者は、延命治療を放棄したり、薬物注射を行うなどの行為を行ったりすることが、
法的に認められるのでしょうか。本章では、実際にこのことが問題となった東海大学病
院事件を素材に、自己決定権について考察していきます。

❶ 事例の考察——東海大学病院事件

1. 事実関係 ——どのような事件だったのでしょうか

　東海大学病院事件が起こった背景には、どのような事情があったのでしょうか。
まずはこの事件について、若干詳しく見ていきます。

　この事件で安楽死の対象となったＹは、1990（平成2年）3月、東海大学医学部
付属病院の人間ドックの検査で血液の異常があったため、4月に同病院でＡ医師

の診察を受けたところ、骨髄の形質細胞が「がん」となる多発性骨髄腫と診断されました。しかし、このことはYには伝えられず、病名についてはその妻に、また、より詳細な病状については長男のみに伝えられました。その後Yは、一時的に症状の進行が抑えられたため、退院して職場に復帰しましたが、病状が悪化してしまったため、12月に再入院することになりました。その後も病状の悪化は

止められず、A医師はYの長男にはYの病状が厳しい状況である旨を告げました。翌年の1月からは別の療法に変わりましたが、3月から腎機能障害や全身倦怠感、嘔吐が見られるようになり、持続的な点滴が開始されました。

　その後、4月に新たに赴任したX医師は、それまで担当していたAらからの指示を受けて、Yの担当医になりました。しかし、その後も病状は悪化し、また意識レベルも低下していたことから、Yの家族からは、その苦しみから解放させてあげようと、何度か治療中止などの申し出がなされました。これに対してXは、可能性がある限り治療を続けたいという旨の説得をし、治療中止には至りませんでしたが、それでも家族は、もしYの死期が迫ったときにはすべての治療を中止してもらうよう申し入れました。Xは、一時はこれを拒んだものの、以前に家族の希望を受けて心肺蘇生術を施さない例があったことを思い出し、死期が迫ったときには心肺蘇生をやめる旨を家族に伝えました。

　その後もYの容態は改善せず、また付き添いにも疲れた家族は、治療の全面的中止をXに強く要請しました。これに対してXは、治療を続ける旨を必死に説得しましたが、家族はそれを聞き入れようとはしませんでした。そこでXは、医師としての使命と、家族の熱心なYを思う気持ちの狭間で悩んだ末に、治療を中止してYが自然の死を迎え、その死期が多少早まってもよいのではないか、と考えるに至りました。そして、家族に治療中止を了承した旨を伝えました。その後Xは、担当看護師に治療の全面中止を指示し、Yから点滴とカテーテルを抜き取りました。しかし、その後もYが苦しそうな呼吸を続けたため、Yの長男は苦しみをなくして静かに眠るように死亡させてやりたいと考え、Xにそのことを強く要求しました。そこでXは、Yに装着されていたエアウェイを外し、また呼吸抑制の副作用がある鎮静剤をYに注射しました。しかしYの苦しむ状況は変わらず、長男は早くその苦しみから解放するために、Xに対して、死に至らしめる薬剤を用いることを強く要求しました。これに対してXは、薬剤を使って死に至らしめることは法律上許されておらず、医師としてできない旨を伝えました。しかし、それでも長男からさらに強い要求がなされ、Xは肉体的にも精神的にも追いつめられる状況となりました。そしてXは、ついに患者に息を引き取らせることを決意し、

　　　心停止の副作用の可能性が高い薬剤を注射して、Yを心停止により死亡させました。その翌日、病院内ではXの行為が問題視され、Xは懲戒免職となり、警察に通報されました。そして同年7月、横浜地検はXを在宅起訴しました。

2.　事案の整理 ──次の問いについて、それぞれ考えてみましょう

Q1. 次の空欄部分に当てはまる用語を入れましょう。
① 被告人（加害者）は（　　　　　　　）で、被害者は（　　　　　　　）である。
② この事件は（　　　　　　）が（　　　　　　）を訴えたものである。
③ この事件で（　　　　　）は（　　　）に（　　　　　　）の治療を中止するよう要求した。
④ この事件で（　　　　　）は（　　　）に（　　　）を死に至らしめる薬剤を用いることを要求した。

Q2. 次の正誤問題を考えてみましょう。
① Xは治療中止について、当初から賛同していたでしょうか。　　　　　　（　Yes　／　No　）
② Xは心停止の副作用の可能性が高い薬剤を注射することについて、
　 当初から賛同していたでしょうか。　　　　　　　　　　　　　　　　（　Yes　／　No　）
③ Yはこの事件で、自らの死に関して、なんらかの意思表示をしたでしょうか。（　Yes　／　No　）
④ Yの長男はこの事件で、Yの死に関して、なんらかの意思表示をしたでしょうか。（　Yes　／　No　）

Q3. 次の問いに答えましょう。
① Yの長男はXに対して、どのような要求をしたでしょうか。いくつかあるので、時系列で列挙してみましょう。
_____
_____
_____

② XはYの長男の要求に対して、どのように対応したでしょうか。いくつかあるので、長男の要求への対応をそれぞれ列挙してみましょう。
_____
_____
_____

③ 最終的にXはYに対してどのような行為を行ったでしょうか。
_____
_____
_____

3.　横浜地方裁判所の判決 ──判決を見てみましょう

　　　以上のような事実関係について、横浜地裁判決（横浜地判平成7年3月28日判時1530号28頁）の内容を確認していきましょう。なお、次のA〜Dの文章はその判

決内容になりますが、その順番は判決のとおりではありません。

A

　医学は進歩したものの、「病気に冒された患者が、治療を継続しても間近に死を迎えざるを得なくなりながら、一方では医学の進歩は、そうした患者についても生命を維持し延命を図ることを可能とし、患者は治る見込みのないまま、時には苦痛に苦しみながら命を長らえるという事態」が出現し、「医療のあり方について再考をもたらし、病気への対応については患者自身が決定するという自己決定権の思想が高まり、生命の質を問う考えが出、治癒の見込みのない患者に対する末期医療のあり方が問題とされるようになつた」。本裁判では、「本件で被告人によつて行われた治療行為の中止、及び外形的にはいわゆる安楽死に当たるとみられる行為について、それぞれその適法性を検討することとする」。

B

　「治療行為の中止は、意味のない治療を打ち切つて人間としての尊厳性を保つて自然な死を迎えたいという、患者の自己決定を尊重すべきであるとの患者の自己決定権の理論と、そうした意味のない治療行為までを行うことはもはや義務ではないとの医師の治療義務の限界を根拠に、一定の要件の下に許容される」。そのための要件は、①「患者が治癒不可能な病気に冒され、回復の見込みがなく死が避けられない末期状態にあること」、②「治療行為の中止を求める患者の意思表示が存在し、それは治療行為の中止を行う時点で存在すること」であり、③「治療行為の中止の対象となる措置は、薬物投与、化学療法、人工透析、人工呼吸器、輸血、栄養・水分補給など、疾病を治療するための治療措置及び対症療法である治療措置、さらには生命維持のための治療措置など、すべてが対象」となる。

C

　「医師による末期患者に対する致死行為が、……許容されるための要件をまとめてみると、〈1〉患者が耐えがたい肉体的苦痛に苦しんでいること、〈2〉患者は死が避けられず、その死期が迫っていること、〈3〉患者の肉体的苦痛を除去・緩和するために方法を尽くし他に代替手段がないこと、〈4〉生命の短縮を承諾する患者の明示の意思表示があること、ということになる。」

D

　「治療行為の中止についての患者の明示の意思表示はもちろん、その推定的意思も認定できないのであるから、点滴等の取り外しが、治療行為の中止の対象として適正であつたかどうかを検討するまでもなく、それら点滴等の取り外しは、法的許容要件を満たしていなかったと評価できる。」薬剤を「注射した行為は、いずれにしても間接的安楽死行為に当たるような行為ではなかつたと評価できる。」薬剤を「注射して患者を死に致した行為については、積極的安楽死として許容されるための重要な要件である肉体的苦痛及び患者の意思表示が欠けているので、それ自体積極的安楽死として許容されるものではなく、違法性が肯定でき、また、それに至るまでの過程において被告人が行つた治療行為の中止や

〔薬剤〕の注射の行為が、医療上の行為として法的許容要件を満たすものではなかつたので、末期状態にあつた本件患者に対して被告人によつてとられた一連の行為を含めて全体的に評価しても、本件起訴の対象となつている〔薬剤〕を注射して患者を死に致した行為は、その違法性が少ないとか、末期患者に対する措置として実質的に違法性がないとかいえず、有責性が微弱ともいえず、可罰的違法性ないし実質的違法性あるいは有責性が欠けるということはない。」

4. 判決の整理 ——次の問いに答えて、判決を整理しましょう

Q1. 下記の①〜④は、判決文のA〜Dが示す内容と対応しますが、その対応関係を（　）内に記入してみましょう。

① 治療行為の中止の一般的許容要件	③ 安楽死の一般的許容要件
② 本事件へのあてはめ	④ 導入部分

A：（　　　　）　　　B：（　　　　）　　　C：（　　　　）　　　D：（　　　　）

Q2. 次の空欄部分をうめてみましょう。

医学の進展に伴い末期医療については、病気への対応については患者自身が決定するという（　　　　　　　　　　）と、治癒の見込みのない患者に対する医師の（　　　　　　　　　　）の限界を考慮しなければならない。

Q3. 治療の中止について

① 治療行為の中止が合法とされるためには、どのような要件が必要とされているでしょうか。

_____

_____

_____

② 医師が治療中止を行ったとき、医師の行為が違法なものとなるのは、どのような場合でしょうか。

_____

_____

_____

Q4. 安楽死について

① この事件では、どのような犯罪が成立すると考えられるでしょうか。また、それはなぜ成立するのでしょうか。

_____

_____

② 医師の行った行為が①の犯罪とならないためには、どのような条件が必要とされたでしょうか。

_____

_____

_____

2 解説と確認問題

1. 幸福追求権と自己決定権

　憲法13条は、「すべて国民は、個人として尊重される。生命、自由及び幸福追求に対する国民の権利については、公共の福祉に反しない限り、立法その他の国政の上で、最大の尊重を必要とする」と規定しています。この「個人として尊重される」という部分（前段）から、憲法は**個人主義**を表明したものと考えられています。そして、それ以降の部分（後段）、特に「生命、自由及び幸福追求に対する国民の権利」の部分は、前段の個人主義原理を受けて、**幸福追求権**を保障したものと考えられています。さらにこの権利は、憲法第3章が規定している個別的な人権の根拠となる、またその補充的な保障を行う**包括的人権**ともいわれており、時代の変化に合わせてさまざまな権利が「新しい人権」として主張されてきました。そこで、この幸福追求権が具体的にどのような権利を、どこまで保障するものであるのかという点が問題となります。

　幸福追求権については、学説上さまざまな見解がありますが*1、人格権、名誉権、プライバシーの権利、環境権、そして本章で問題となる**自己決定権**が保障されていると主張されています。このうち自己決定権とは、個人が一定の私的な事柄について、公権力からの干渉を受けずに自ら決定することができる権利をいいます。この権利は、これまでの議論状況をふまえると、次のように分類・整理することができます。すなわち、①自己の生命・身体の処分に関すること（尊厳死・安楽死、自殺、治療拒否など）、②家族の形成・維持に関すること（結婚、離婚など）、③リプロダクションに関すること（子供を産む・産まない自由、避妊、堕胎など）、④ライフ・スタイルに関すること（服装・身なりなど）です。このように整理していくと、東海大学病院事件は憲法13条の幸福追求権に関連し、また上記①にかかわる自己決定権が問題となる事案であるということがわかります。そしてさらに議論を進めると、本章で問題となるのは、この自己決定権に尊厳死や安楽死、さらには死ぬ権利が含まれるかどうか、ということになります。

*1　幸福追求権が保障される範囲について、憲法学説では、人格的生存に必要不可欠な権利のみを保障していると理解する**人格的利益説**と、他人を害しない限りあらゆる行為が保障されると理解する**一般的行為自由説**が対立しています。ただし、いずれの見解も、個人の重要な事項について、国家によって干渉されず、自分で決定することができる自己決定権が保障されることについては認めています。

Q1. 人格的利益説と一般的行為自由説の違いをふまえて、自己決定権が認められる理由と保障される行動の範囲について考えてみましょう。

2.　自己決定権と死ぬ権利

　　本章の事例で取り上げたような終末期を迎えた患者やその家族などには、尊厳死や安楽死を求める権利は、自己決定権として保障されるのでしょうか。もしその権利が保障されるなら、その権利の行使を違法として制限したり、それを援助する医療関係者の行為を法律によって罰したりするなど、彼らの権利を制限することは許されるのでしょうか。

　　この点について憲法学説は意見の一致を見ていませんが、生命・身体の処分に関する自己決定権が認められ、特に意思能力がはっきりしている者で、終末期の患者については、治療中止などを求める権利が含まれるとする考え方がいくつか示されています。しかしその多くは、生命・身体の処分に関する自己決定権を認めたとしても、医師に致死薬を投与してもらう権利や、死ぬ権利までは認められないと指摘しています。このため、自己決定権として治療中止などの行為は保障され得るとしても、次に説明する「**積極的安楽死**」のような医療行為は認められず、**死ぬ権利**までは保障されないと理解するのが一般的です。しかし、そうであるからといって、死ぬ権利が保障される余地がまったくないわけではなく、東海大学病院事件で示されたように、一定の条件をもとに、また限られた「積極的安楽死」を認める余地もあると考えられます。

Q2. 死ぬ権利が自己決定権として保障されるかどうか、自分なりの考えをまとめてみましょう。

3.　安楽死や尊厳死の意義と法令との関係

　　終末期医療をめぐる尊厳死や安楽死、さらには死ぬ権利までもが憲法によって保障されるかという問題は、いまだに議論の途上にあるといえます。ただし、「終末期」における具体的な医療行為について、東海大学病院事件で横浜地裁は、次のように類型化しました。つまり、①「苦しむのを長引かせないため、延命治療を中止して死期を早める不作為型」を「**消極的安楽死**」、②「苦痛を除去・緩和するための措置を取るが、それが同時に死を早める可能性がある治療型」を「**間接的安楽死**」、そして、③「苦痛から免れさせるため意図的積極的に死を招く措置」を「**積極的安楽死**」と定義づけました。さらに、④「無駄な延命治療を

打ち切つて自然な死を迎えることを望む」ことを「**尊厳死**」と定義づけました。

　もっとも、どのような行為が安楽死や尊厳死に当てはまるかという点について、そもそも法律においても明確に定められていません。そのため、さまざまな医療行為が①から④の行為に振り分けられることもあれば、①と④を同様の行為とすることもあり、これらの用語は論者によって異なる使い方をされる場合もあります。また具体的な医療行為が、どの類型に当てはまるかが難しい場合もあり、たとえば医師が致死薬を処方して患者の意思でそれを飲み自殺する場合などは、どのような類型に当てはまるかを特定することは困難です。

Q3. 東海大学病院事件では、心肺蘇生をしないことや、延命措置の中止、そして最終的には致死薬の投与が行われましたが、致死薬の投与はこれらの定義のどれにあたると考えられますか。

4. 刑法との関係とガイドライン

　東海大学病院事件で見たように、安楽死や尊厳死に関して法令上の明確な定めがないにもかかわらず、なぜ終末期における医療行為について、その違法性が問題となるのでしょうか。それは、それらの行為が現行法の規定と抵触する可能性があるためです。

　そもそも本人が死を求めて自殺することについては、刑事上の問題は発生しないと考えられています。それは、日本では自殺は犯罪ではなく、本人が死を望み、それを選択したとしても罪に問うことはできないと考えられているためです。しかし問題となるのは、死を求める本人が、「誰か」の手を借りてそれを実現するような場合です。このときに現行法で問題となるのが、刑法199条の**殺人罪**（「人を殺した者は、死刑又は無期若しくは5年以上の懲役に処する」）や、刑法202条の**自殺関与および同意殺人罪**（「人を教唆し若しくは幇助して自殺させ、又は人をその嘱託を受け若しくはその承諾を得て殺した者は、6月以上7年以下の懲役又は禁錮に処する」）に該当するかどうかです。また本人が死に至らない場合であっても、**傷害罪**（204条）や**傷害致死**（205条）などが問題となる場合も想定されます。

　このように、尊厳死や安楽死の取扱いについて、憲法や法令は不明確な点もあり、また一貫した取扱いがなされていない状況にある一方で、それにかかわった医師などが刑事責任を負う可能性もあります。そこで、実際に医療にかかわる団

＊2　2014（平成26）年の日本救急医学会、日本集中治療医学会、日本循環器学会による「救急・集中治療における終末期医療に関するガイドライン〜3学会からの提言〜」では、より詳しく次のように定義されています。①「不可逆的な全脳機能不全（脳死診断後や脳血流停止の確認後などを含む）であると十分な時間をかけて診断された場合」、②「生命が人工的な装置に依存し、生命維持に必須な複数の臓器が不可逆的機能不全となり、移植などの代替手段もない場合」、③「その時点で行われている治療に加えて、さらに行うべき治療方法がなく、現状の治療を継続しても近いうちに死亡することが予測される場合」、④「回復不可能な疾病の末期、例えば悪性腫瘍の末期であることが積極的治療の開始後に判明した場合」のいずれかに該当した場合が、「終末期」になります。

＊3　このほかにも、2020（令和2）年の日本医師会による「終末期医療に関するガイドラインの見直しとアドバンス・ケア・プランニング（ACP）の普及・啓発」などが公表されていますが、その多くは、治療中止について本人の意思を尊重したうえで認めている状況にあるといえます。

体や国の組織は、①「終末期」における、②「医療のあり方」に関するガイドラインにおいて、これらの用語の定義を行っています。まず「終末期」については、たとえば、2016（平成28）年に公表された全日本病院協会の「終末期医療に関するガイドライン」は、①「複数の医師が客観的な情報を基に、治療により病気の回復が期待できないと判断すること」、②「患者が意識や判断力を失った場合を除き、患者・家族・医師・看護師等の関係者が納得すること」、③「患者・家族・医師・看護師等の関係者が死を予測し対応を考えること」の3つの条件を満たす場合とされています＊2。また、終末期における「医療のあり方」については、たとえば、厚生労働省の「人生の最終段階における医療の決定プロセスに関するガイドライン」は、次のように示しています。①医療従事者からの適切な情報提供と説明、医療・ケアチームとの話し合いをふまえた本人による十分な意思決定を医療・ケアの基本とすることが重要である一方で、その本人の意思が変化すること、本人が意思を伝えられない状態になる可能性があることから、話し合いを継続的に行い、また本人が家族に意思を伝えておくことも重要であること、②「医療・ケア行為の開始・不開始、医療・ケア内容の変更、医療・ケア行為の中止等は、医療・ケアチームによって、医学的妥当性と適切性を基に慎重に判断すべきである」こと、③「医療・ケアチームにより、可能な限り疼痛やその他の不快な症状を十分に緩和し、本人・家族等の精神的・社会的な援助も含めた総合的な医療・ケアを行うことが必要である」こと、④「生命を短縮させる意図をもつ積極的安楽死は、本ガイドラインでは対象としない」ことです＊3。このように、実際に医療にかかわる団体や国の組織が示すガイドラインなどでは、治療中止は一定の限りで認めるものの、「薬剤を注射するなどの行為は認めない」という状況にあります。

Q4. 各種ガイドラインをふまえると、「終末期」や「医療のあり方」を考えるうえで重要な要素はどのような点にあるでしょうか。また、積極的安楽死などについて、これらのガイドラインはどのような立場をとっていますか。

5. 自己の生命・身体の処分に関する諸判決

　これまで自己の生命・身体の処分に関する問題について、東海大学病院事件に焦点をあててきましたが、そのほかにも川崎協同病院事件やエホバの証人輸血拒否事件がこの問題とかかわります。

1　川崎協同病院事件

　川崎協同病院事件は、「医師によって生命維持装置が取り外されたこと」について、患者の自己決定と**治療義務の限界**が問題となった事件です。具体的には、気管支喘息重積発作に伴う低酸素性脳損傷で意識が回復しないまま入院し治療中であった被害者に対して、医師が患者の自然の死を迎えさせるために気道に挿入されているチューブを取り外しましたが、予想に反して苦しそうな呼吸を繰り返したため、筋弛緩薬を投与して窒息死させたことが問題となりました。この事件に対する判断のなかで重要なことは、どういった場合に医師による**治療中止**が適法となるかという点です。

　まず横浜地裁（横浜地判平成17年3月25日判時1909号130頁）は、「このような治療中止は、患者の自己決定の尊重と医学的判断に基づく治療義務の限界を根拠として認められるもの」であると判断しています。そのうえで、終末期に患者の自己決定が尊重される場合には、①「回復の見込みがなく死が目前に迫っていること」、②「それを患者が正確に理解し判断能力を保持しているということ」が必要であるとしました*4。これに対して東京高裁（東京高判平成19年2月28日刑集63巻11号2135頁）は、「治療中止を適法とする根拠としては、患者の自己決定権と医師の治療義務の限界」ということを前提としつつ、「自己決定権による解釈だけで、治療中止を適法とすることには限界がある」と指摘しています。なお、最高裁（最決平成21年12月7日刑集63巻11号1899頁）は、この点について明確な判断を示していません。

＊4　治療義務の限界については、「医師が可能な限りの適切な治療を尽くし医学的に有効な治療が限界に達している状況に至れば、患者が望んでいる場合であっても、それが医学的にみて有害あるいは意味がないと判断される治療については、医師においてその治療を続ける義務、あるいは、それを行う義務は法的にはないというべきであり、この場合にもその限度での治療の中止が許容されることになる」とされました。このような自己決定、治療義務の限界が認められる場合には、治療中止は適法であるということになります。

Q5. 川崎協同病院事件では、患者の自己決定権だけではなく、特に医師の側からは、どのようなことを考慮すべきであると示されましたか。

2　エホバの証人輸血拒否事件

　エホバの証人輸血拒否事件は、自己の生命・身体の処分に関することについ

ての自己決定権、とりわけ患者による**治療拒否**が問題となった事件です。この事件では、悪性の肝臓血管腫と診断された患者が、その手術を行う際に、宗教上の理由から輸血を受けることができない旨を医師に伝えていたにもかかわらず、医師が患者の救命のために輸血を行ったことが問題となりました。特にこの患者は、宗教上の信念からいかなる場合にも輸血を拒否するという固い意思を有していましたが、病院側は、輸血以外に救命手段がない場合には輸血を行う方針をとっていたにもかかわらず、その方針を事前に説明していませんでした。最終的に医師らは救命手段がないために輸血を行いましたが、これに対して、輸血を受けた患者が、その輸血によって自己決定権や信教の自由などが侵害されたとして、医師らの不法行為責任などを求めました。

　第一審（東京地判平成9年3月12日民集54巻2号690頁）では、患者の救命を最優先して手術中に輸血以外の救命方法がないことを事前に説明すれば、説明を受けた患者は手術自体を拒否するおそれがあったことをふまえ、その患者の救命を最優先して事前の説明を行わなかったとしても違法性があるとはいえないと判断しました。これに対して控訴審（東京高判平成10年2月9日高民集51巻1号1頁）は、手術には患者の同意が必要であり、その同意は自己決定権に由来するものであり、治療方針を説明することが必要であったとして不法行為責任を認めました。最高裁（最判平成12年2月29日民集54巻2号582頁）は、「患者が、輸血を受けることは自己の宗教上の信念に反するとして、輸血を伴う医療行為を拒否するとの明確な意思を有している場合、このような意思決定をする権利は、人格権の一内容として尊重されなければならない」としました。そのため、医師らが事前の説明を行わなかったことは、その意思決定を奪ったものとして不法行為責任を認めました。

Q6. エホバの証人輸血拒否事件で問題となる自己決定権の内容はどのようなものですか。
　　　また、最高裁は、患者の自己決定権を認めていますか。

6.　海外での状況

　　日本以外の国々では、積極的安楽死や尊厳死などを積極的に認めている国もいくつかあります。もっとも、これらの用語は日本の独自の概念であるため、そもそもこれらの用語に当てはまるかどうかという点には留意が必要ですが、医師な

どが患者に致死薬を注射するなど、直接的に患者を死に至らしめることを認めているのは、オランダ、オーストラリアの一部の州、カナダ、コロンビア、スペイン、ニュージーランド、ベルギー、ルクセンブルクなどです。また一方で、医師などが患者に薬物を処方したり提供したりして、患者自身が自殺を行うことを認めているのは、アメリカの一部の州やスイスなどがあげられます。さらに、その両方を認めている国は、オランダ、オーストラリアの一部の州、カナダ、コロンビア、スペイン、ニュージーランド、ベルギー、ルクセンブルクです。ただし、具体的に認められる条件や行為には国によって差がありますので、その点にも留意が必要です。

グループ・ワーク
次のテーマについて、グループをいくつかに分けて議論をしてみましょう

テーマ1　自己決定権をめぐる法的な問題について、議論してみましょう。
- 憲法13条が保障する幸福追求権は、どのような権利を保障しているでしょうか。その意義をまとめてみましょう。
- 自己決定権とはどのような意義を持つ権利でしょうか。また、どのような行為が保障されると考えられているでしょうか。
- 死ぬ権利は、憲法が保障する自己決定権で保障されると考えられるでしょうか。

テーマ2　特に医療現場における自己決定について、議論してみましょう。
- 終末期の医療をめぐっては、どのような問題があるでしょうか。また、延命治療にはどのような問題があると考えられるでしょうか。
- 安楽死や尊厳死はなぜ必要なのでしょうか。その意義を考えてみましょう。
- 安楽死や尊厳死とは、どのような意義を持つ用語でしょうか。本章で出てきた定義や方法などもふまえて、自分たちで用語を定義づけて、まとめてみましょう。
- 安楽死や尊厳死について、法的に問題（犯罪）となる可能性がある行為はどのような行為でしょうか。また、その行為が自己決定権として保障される場合、どのような行為が法的に許容されなければならないでしょうか。
- 治療を行う医療従事者の治療義務の限界として、どのようなことが考えられるでしょうか。
- 宗教上の信念を理由に治療を拒否する自己決定権は認められるでしょうか。また、治療にあたっての医師からの事前の説明は、なぜ必要なのでしょうか。

中級編
判例をよみとく

第9章

職業の自由
タトゥーイストに医師免許は必要か？

　本章では、タトゥーイストに対する医師法の規制が問題となった事件（大阪タトゥー裁判）を題材に、職業の自由について考えます。

　この事件は、針で他人の皮膚を傷つけ、そこに色素を流し込むタトゥー施術行為が、医師免許がないと行うことができない「医行為」であると解されたことを発端としています。この解釈を前提とすれば、タトゥーイストになるには医学を猛勉強して医師免許を取得しなければならないことになりますが、そうした解釈は妥当でしょうか。

　そもそも、憲法22条1項では「職業選択の自由」が保障されているにもかかわらず、医師免許のような「資格制」をはじめとして、特定の職業を始めるにあたってハードルが課される事例は少なくありません。こうした制約はなぜ課されるのでしょうか。また、そうした制約は、どのような場合に正当化されると考えられるでしょうか。

　以下では、正反対の結論を導いた大阪タトゥー裁判の第一審と第二審を中心に検討することで、職業の自由について考察してみましょう。

1　事例の考察——大阪タトゥー裁判

1.　事実関係 ——どのような事件だったのでしょうか

　Xはタトゥーイスト（タトゥー彫師）であり、大阪のタトゥーショップで、針を取りつけたタトゥーマシンを用いて、他人にタトゥーを施していました。本件では、Xが2014（平成26）年7月から2015（平成27）年3月にかけて、4回にわたり3名にタトゥーを施した行為が、医師法17条違反であるとして、2015（平成27）年4月に、大阪府警に摘発されました。2015（平成27）年8月に略式起訴され、9月には簡易裁判所にて罰金30万円の略式命令を受けています。Xはこれを不服として、正式裁判を請求しました。

　ここで、Xが違反したとされる医師法17条について確認しておきましょう。

医師法17条は、「医師でなければ、医業をなしてはならない」というシンプルな条文です。「医業」というのは、医師が行うのでなければ危険な仕事であるとされます。この医師法17条に違反した場合、「3年以下の懲役若しくは100万円以下の罰金に処し、又はこれを併科する」と規定されていました（医師法31条1項）。

　Xは、医師免許がないのにタトゥーを彫ったことで、医師法17条に違反したとされました。つまり、タトゥーを彫ることは、針を取りつけた器具で他人の身体を傷つけて色素を流し込むわけですから、医師が行わなければ危険な仕事である「医業」の内容をなす「医行為」に該当すると考えられたわけです。

　もっとも、それはそのように解釈されたというだけで、法律上で「タトゥー施術行為は医行為である」と規定されていたわけではありません。現行の医師法は1948（昭和23）年に制定されましたが、それから半世紀以上にわたって、タトゥー施術行為は医師法の規律対象とはなってきませんでした。

　この間、一つの転機となったのは、眉や目尻に墨を入れる「アートメイク」の登場です。医師免許を有さない者によるアートメイクなどのトラブルが生じたことを受けて、厚生労働省医政局医事課長は、平成13（2001）年11月8日付で「医師免許を有しない者による脱毛行為等の取扱いについて」（医政医発第105号）という文書を各都道府県衛生主管部（局）長に宛てて発しました。これにより、「針先に色素を付けながら、皮膚の表面に墨等の色素を入れる行為」は、「医師が行うのでなければ保健衛生上危害の生ずるおそれのある行為であり、医師免許を有しない者が業として行えば医師法第17条に違反する」という行政による解釈が提示されました。こうした行政上の解釈に基づけば、Xのタトゥー施術行為は医師法に違反すると解釈されたために、Xは、上記のように起訴されてしまったといえます。

2.　事案の整理 ──次の問いについて、それぞれ考えてみましょう

Q1. 次の空欄部分に当てはまる用語を入れましょう。

① この事件では（　　　　　　　　　）が（　　　　　　　　　）法に違反したことを理由に罰金30万円の略式命令を受けたことを不服として、正式裁判を請求した。

② 医師法17条は、医師でなければ（　　　　　　　　　　　）をしてはならないと規定する。

Q2. 次の正誤問題を考えてみましょう。

① タトゥー施術行為は医師でなければ行うことのできない医業であると、法律上で規定されていたでしょうか。　　　　　　　　　　　　　　　　　　　　　　　　　（　Yes　／　No　）

② 平成13（2001）年11月8日付で厚生労働省医政局医事課長が発した文書によれば、「針先に色素を付けながら、皮膚の表面に墨等の色素を入れる行為」には、医師免許が必要とされていたでしょうか。　　　　　　　　　　　　　　　　　　　　　　　　（　Yes　／　No　）

③　Xは、医師免許なしにタトゥー施術行為をしたことが医師法違反にあたるとされたのでしょうか。

（　Yes　／　No　）

Q3. 次の問いに答えましょう。

もともとは法規制の対象でなかったタトゥー施術行為が、医師法違反と解されるようになったのはなぜでしょうか。経緯を時系列でまとめてみましょう。

_____

_____

_____

3. 大阪地方裁判所と大阪高等裁判所の判決 ——判決を見てみましょう

以下では、有罪（罰金15万円）を言い渡した第一審の大阪地裁判決と、一転して無罪を言い渡した第二審の大阪高裁判決を、「医行為該当性」および「憲法22条1項」の観点から読み比べてみましょう。

1　第一審（大阪地判平成29年9月27日判時2384号129頁）

A　医行為該当性について

「医師法17条は、医師の資格のない者が業として医行為を行うこと（医業）を禁止している。これは、無資格者に医業を自由に行わせると保健衛生上の危害を生ずるおそれがあることから、これを禁止し、医学的な知識及び技能を習得して医師免許を得た者に医業を独占させることを通じて、国民の保健衛生上の危害を防止することを目的とした規定である。そうすると、同条の「医業」の内容である医行為とは、医師が行うのでなければ保健衛生上危害を生ずるおそれのある行為をいうと解すべきである。」

B　憲法22条1項について

「医師法は、2条において、医師になろうとする者は医師国家試験に合格して厚生労働大臣の免許を受けなければならないと定め、17条において、医師の医業独占を認めていることから、医業を営もうとする者は医師免許を取得しなければならない。そのため、医師法17条は、憲法22条1項で保障される入れ墨の施術業を営もうとする者の職業選択の自由を制約するものである。

もっとも、職業選択の自由といえども絶対無制約に保障されるものではなく、公共の福祉のための必要かつ合理的な制限に服する。そして、一般に職業の免許制は、職業選択の自由そのものに制約を課する強力な制限であるから、その合憲性を肯定するためには、原則として、重要な公共の利益のために必要かつ合理的な措置であることを要する。また、それが自由な職業活動が社会公共に対してもたらす弊害を防止するための消極的・警察的措置である場合には、職業の自由に対するより緩やかな制限によってはその目的を十分に達成することができないと認められることを要する（最高裁昭和50年4月30日大法廷判決・民集29巻4号572頁参照）。

　これを本件についてみると、前記のとおり、医師法17条は国民の保健衛生上の危害を防止するという重要な公共の利益の保護を目的とする規定である。そして、入れ墨の施術は、医師の有する医学的知識及び技能をもって行わなければ保健衛生上の危害を生ずるおそれのある行為なのであるから、これを医師免許を得た者にのみ行わせることは、上記の重要な公共の利益を保護するために必要かつ合理的な措置というべきである。また、このような消極的・警察的目的を達成するためには、営業の内容及び態様に関する規制では十分でなく、医師免許の取得を求めること以外のより緩やかな手段によっては、上記目的を十分に達成できないと認められる。

　以上から、本件行為に医師法17条を適用することは憲法22条1項に違反しない。」

2　第二審（大阪高判平成30年11月14日判時2399号88頁）

A　医行為該当性について

　「……医師法17条で禁止される医行為とは、医療及び保健指導に属する行為（医療関連性がある行為）、すなわち、医療及び保健指導の目的の下に行われる行為で、その目的に副うと認められるものの中で、医師が行うのでなければ、言い換えれば、医学上の知識と技能を有しない者がみだりにこれを行うときは、保健衛生上危害を生ずるおそれのある行為であると解するのが相当である。」

　「……入れ墨（タトゥー）は、皮膚の真皮に色素を注入するという身体に侵襲を伴うものであるが、その歴史や現代社会における位置づけに照らすと、装飾的ないし象徴的な要素や美術的な意義があり、また、社会的な風俗という実態があって、それが医療を目的とする行為ではないこと、そして、医療と何らかの関連を有する行為であるとはおよそ考えられてこなかったことは、いずれも明らかというべきである。彫り師やタトゥー施術業は、医師とは全く独立して存在してきたし、現在においても存在しており、また、社会通念に照らし、入れ墨（タトゥー）の施術が医師によって行われるものというのは、常識的にも考え難いことであるといわざるを得ない。」

B　憲法22条1項について

　「ア　原判決のように、入れ墨（タトゥー）の施術を、医師法17条の医行為に該当すると解釈した場合、医師以外の者が行うことが禁止され、これに違反した者は処罰されて、医師のみが入れ墨（タトゥー）の施術を行うことを許容されるという結果になる。

　タトゥー施術業は、反社会的職業ではなく、正当な職業活動であって、憲法上、職業選択の自由の保障を受けるものと解されるから、タトゥー施術業を営むために医師免許を取得しなければならないということは、職業選択の自由を制約するものであり、原判決も、これを前提として判断している。

　イ　そして、原判決は、職業選択の自由の違憲審査基準について、薬事法違憲判決（最高裁昭和50年4月30日大法廷判決（民集29巻4号572頁））を参照して、『一般に職業の免許制は、職業選択の自由そのものに制約を課す強力な制限であるから、その合憲性を肯定するためには、原則として、重要な公共の利益の

ために必要かつ合理的な措置であることを要する。また、それが自由な職業活動が社会公共に対してもたらす弊害を防止するための消極的・警察的措置である場合には、職業の自由に対するより緩やかな制限によってはその目的を十分に達成することができないと認められることを要する。』と説示しているところ、この説示は正当である。

　続いて、原判決は、『医師法17条は国民の保健衛生上の危害を防止するという重要な公共の利益の保護を目的とする規定である。』と説示しており、医療関連性という要件を不要とする原判決の立場によれば、医師法17条の目的について、『医療及び保健指導に伴う生命・健康に対する危険を防止すること』ではなく、上記のように捉えることになろう。

　ウ　そこで、上記目的を達成するための規制の手段についてみる。

　まず、医師を目指す者は、一般的に、大学の医学部で6年間の教育を受け、医師国家試験に合格しなければならず、医師として医療行為等に従事するには医師免許を取得する必要があるなど、医師法が規定する医師の免許制は、各種の資格制の中でも相当に厳しい制限といえる。タトゥー施術業が、医業に含まれ、医師免許を必要とする職業であるとしたならば、入れ墨（タトゥー）の彫り師にとっては禁止的ともいえる制約になることは明らかというべきである。

　そして、入れ墨（タトゥー）の施術は、医師が行うのでなければ、言い換えれば、医学上の知識と技能を有しない者がみだりにこれを行うときは、保健衛生上危害を生ずるおそれのある行為であるとはいえ、厳密にみると、そこで必要とされる医学的知識及び技能は、医学部教育や医師国家試験で要求されるほど広範にわたり、かつ、高水準のものではなく、より限られた範囲の基本的なもので足りると考えられる。また、所論が指摘するように、海外主要国においては、タトゥー施術業に医師免許を要求している例は見当たらず、医師が行うべき医療行為とは別個の規制がなされている。そうすると、我が国でも、彫り師に対して一定の教育・研修を行い、場合によっては届出制や登録制等、医師免許よりは簡易な資格制度等を設けるとか、タトゥー施術業における設備、器具等の衛生管理や被施術者に対する施術前後の説明を含む手順等に関する基準ないし指針を策定することなどにより、保健衛生上の危害の発生を防止することは可能であると思われる。

　エ　原判決は、国民の保健衛生上の危害の防止という目的を達成するためには、『営業の内容及び態様に関する規制では十分ではない』という。

　しかしながら、以上にみたように、上記目的を十分に達成するため、入れ墨（タトゥー）の彫り師にとっては禁止的ともいえる制約をもたらす医師法による規制が、必要不可欠であるといえるか甚だ疑問であり、医師法の規制対象にするのではなく、より緩やかな規制の下でも社会的に許容できる水準の安全性を確保することは可能と考えられる。タトゥー施術業に伴う保健衛生上の危害を防止するためには、何らかの規制は必要ではあるが、原判決のように、医師法17条で規制の対象となる医行為を医師が行うのでなければ保健衛生上の危害が生ずるおそれのある行為と解釈して、タトゥー施術業が、医師が行うのでなければ保健衛生上の危害が生ずるおそれを伴うものであることを理由に、これを医師法17条の規制対象とする、すなわち、医師免許という厳格な資格制限による医師法の規制を及ぼすことは、他により緩やかな制限が可能であることからすれば、規制の範囲が必要な限度を超えているものといわざるを得ない。その意

味で、タトゥー施術業を医師法で規制することには、目的と手段との関連において合理性がないというべきである。

　　オ　以上のとおり、入れ墨（タトゥー）の施術は医師のみがなし得るとする原判決の解釈適用によれば、タトゥー施術業を営む被告人の職業選択の自由を侵害するおそれがあり、憲法上の疑義が生じるといわざるを得ない。」

4.　判決の整理 ──次の問いに答えて、判決を整理しましょう

Q1.　医行為該当性について

　大阪地裁判決と大阪高裁判決は、医師法17条の「医業」の内容である「医行為」を、どのように解釈したでしょうか。

- 大阪地裁判決：医行為とは、＿＿＿＿＿＿＿＿＿＿＿＿＿＿＿＿＿＿行為であり、タトゥー施術行為は、医行為に（　該当する　／　該当しない　）ため、Xは（　無罪　／　有罪　）。

- 大阪高裁判決：医行為とは、＿＿＿＿＿＿＿＿＿＿＿＿＿＿＿＿＿＿行為であり、タトゥー施術行為は、医行為に（　該当する　／　該当しない　）ため、Xは（　無罪　／　有罪　）。

Q2.　憲法22条1項について

①　大阪地裁判決は、医師法17条の目的として何をあげているでしょうか。

＿＿＿＿＿＿＿＿＿＿＿＿＿＿＿＿＿＿＿＿＿＿＿＿＿＿＿＿＿＿＿＿＿＿＿＿
＿＿＿＿＿＿＿＿＿＿＿＿＿＿＿＿＿＿＿＿＿＿＿＿＿＿＿＿＿＿＿＿＿＿＿＿
＿＿＿＿＿＿＿＿＿＿＿＿＿＿＿＿＿＿＿＿＿＿＿＿＿＿＿＿＿＿＿＿＿＿＿＿

②　上記の目的を達成するための手段として、医師法による規制を行うことについて、大阪地裁判決と大阪高裁判決はどのように考えているでしょうか。

- 大阪地裁判決（　　合憲の立場　　／　　違憲の立場　　）

＿＿＿＿＿＿＿＿＿＿＿＿＿＿＿＿＿＿＿＿＿＿＿＿＿＿＿＿＿＿＿＿＿＿＿＿
＿＿＿＿＿＿＿＿＿＿＿＿＿＿＿＿＿＿＿＿＿＿＿＿＿＿＿＿＿＿＿＿＿＿＿＿
＿＿＿＿＿＿＿＿＿＿＿＿＿＿＿＿＿＿＿＿＿＿＿＿＿＿＿＿＿＿＿＿＿＿＿＿

- 大阪高裁判決（　　合憲の立場　　／　　違憲の立場　　）

＿＿＿＿＿＿＿＿＿＿＿＿＿＿＿＿＿＿＿＿＿＿＿＿＿＿＿＿＿＿＿＿＿＿＿＿
＿＿＿＿＿＿＿＿＿＿＿＿＿＿＿＿＿＿＿＿＿＿＿＿＿＿＿＿＿＿＿＿＿＿＿＿

2　解説と確認問題

1.　職業の自由に対する規制

　憲法22条1項は、「何人も、公共の福祉に反しない限り、居住、移転及び職

業選択の自由を有する」と規定しています。「公共の福祉に反しない限り」という留保が付されていることからもわかるとおり、職業選択の自由は、一定の制約に服することが前提とされています。制約の種類は多様です。

　理容師の例を考えてみましょう。理容師法2条は「理容師試験に合格した者は、厚生労働大臣の免許を受けて理容師になることができる」と規定します。これは、①**資格制**と呼ばれるもので、一定の専門職について、国家試験に合格した者にのみ当該職業を独占させるものです（先述した医師のほか、弁護士もこれに該当します）。これを受けて、理容師法6条は、「理容師の免許を受けた者でなければ、理容を業としてはならない」と定めています。

　試験に合格して理容師の資格を取得し、いざ開業しようとします。このとき、理容師法11条1項は、「理容所を開設しようとする者は、厚生労働省令の定めるところにより、理容所の位置、構造設備、第11条の4第1項に規定する管理理容師その他の従業者の氏名その他必要な事項をあらかじめ都道府県知事に届け出なければならない」と規定します。これを、②**届出制（登録制）**といいます。開業にあたって行政に情報を提供するよう義務づけるもので、届出をすれば原則としてそれで終わりです。もしなにか問題が生じた場合には、届出がされた情報をもとに、行政が対処することになっています。

　届出制と区別される職業の自由に対する制約として、③**許可制**があります。これは、特定の職業の開始を一般的に禁止しておき、一定の基準や条件を満たした場合に、個別に禁止を解除するというものです。たとえば、飲食店を営業したい場合には、都道府県知事の許可を受けなければなりません（食品衛生法55条1項）。先ほどの「届出制」は届出をすれば終わりでしたが、「許可制」の場合は、一般的に禁止されているうえに、許可にあたって基準や条件を満たしたかをチェックされる点で、届出制よりも許可制のほうが強い規制になります。

Q1. 職業選択の自由に対する制約は、上記の①資格制、②届出制（登録制）、③許可制のほかにも考えられるでしょうか。

2.　職業の自由が保障するもの

　憲法22条1項では、「**職業選択の自由**」とだけ書いてありますが、判例は、職業の選択のみならず、選択した職業の遂行、つまり、**職業活動の自由**の保障も

含まれると解釈しています（これらをまとめて**職業の自由**と呼ぶことがあります）。

　先ほど確認した、①資格制、②届出制（登録制）、③許可制は、基本的に職業選択の自由、つまり、職業の開始（継続、廃止）にかかわります。のちに見るように、職業選択には一定の制約があり得ますが、仮にそれが過剰な制約であれば、職業選択の自由を侵害するものとして、違憲と判断されることになります。そして、こうした各種の制約をクリアして職業を開始したとしても、選択した職業を遂行するにあたって、さまざまな制約を受けることがあります。

　再び理容師法を見てみましょう。理容師法9条1項は、「理容師は、理容の業を行うときは、次に掲げる措置を講じなければならない」と定め、「皮ふに接する布片及び器具は、これを清潔に保つこと」（1号）、「皮ふに接する布片は、客一人ごとにこれを取りかえ、皮ふに接する器具は、客一人ごとにこれを消毒すること」（2号）、「その他都道府県が条例で定める衛生上必要な措置」（3号）など、職業遂行にあたって講じなければならない措置を命じています。

Q2. 職業選択の自由や職業活動の自由に対して、このように多様な制約を課さなければいけないのはなぜですか。自分なりの考えをまとめてみましょう。

---

3. 職業の自由の違憲審査 ──薬事法判決

1　基本的な考え方

　このように、職業の自由に対しては多様な制約が考えられるため、職業の自由が侵害されたか否かを判断するのは、容易なことではありません。本章1. の3で見た大阪地裁判決・大阪高裁判決も引用していた**薬事法判決**[*1]は、「職業は、それ自身のうちになんらかの制約の必要性が内在する社会的活動であるが、その種類、性質、内容、社会的意義及び影響がきわめて多種多様であるため、その規制を要求する社会的理由ないし目的も、国民経済の円満な発展や社会公共の便宜の促進、経済的弱者の保護等の社会政策及び経済政策上の積極的なものから、社会生活における安全の保障や秩序の維持等の消極的なものに至るまで千差万別で、その重要性も区々にわたる」と述べています。そのうえで、「現実に職業の自由に対して加えられる制限も……各種各様の形をとることとなる」ため、「これらの規制措置が憲法22条1項にいう公共の福祉のために要求されるものとして是認されるかどうかは、これを一律に論ずることができず、具体

[*1]　薬事法距離制限事件（最大判昭和50年4月30日民集29巻4号572頁）。

的な規制措置について、規制の目的、必要性、内容、これによつて制限される職業の自由の性質、内容及び制限の程度を検討し、これらを比較考量したうえで慎重に決定されなければならない」と述べました。

2　審査の基準

薬事法判決では、当時の薬事法が、（A）薬局の開設を「許可制」としていたこと、（B）薬局開設の「許可基準（条件）」として、既存の薬局から100メートル離れていなければならないという「適正配置規制（距離制限）」や、薬局の構造設備などをあげていたことが問題となりました。

薬局開設を「許可制」とするか、その際の「許可基準」をどうするかは、本来であれば、立法府が検討して決めるべきことで、原則として、**立法府の裁量**に委ねられるべきであるといえます。他方で、薬事法判決は、立法府の「合理的裁量の範囲については、事の性質上おのずから広狭がありうるのであつて、裁判所は、具体的な規制の目的、対象、方法等の性質と内容に照らして、これを決すべき」であると述べました。

そのうえで、（A）許可制については、「一般に許可制は、単なる**職業活動**の内容及び態様に対する規制を超えて、狭義における**職業の選択**の自由そのものに制約を課するもので、職業の自由に対する強力な制限であるから、その合憲性を肯定しうるためには、原則として、〔①〕重要な公共の利益のために必要かつ合理的な措置であることを要し、また、それが社会政策ないしは経済政策上の積極的な目的のための措置ではなく、〔②〕自由な職業活動が社会公共に対してもたらす弊害を防止するための消極的、警察的措置である場合には、許可制に比べて職業の自由に対する**よりゆるやかな制限**である**職業活動**の内容及び態様に対する規制によつては右の目的を十分に達成することができないと認められることを要する」とし、この考え方は、（B）個々の許可条件を考える際にも妥当するとしました。

3　あてはめ

薬事法判決では、（A）許可制を採用したことは、「不良医薬品の供給……から国民の健康と安全とをまもるため」必要かつ合理的な措置であると是認されました。さらに、（B）許可条件のうち、薬局が備えるべき構造設備などについては「不良医薬品の供給の防止の目的に直結する」として是認しましたが、距離制限については、このような「直接の関連性」がないうえに、不良医薬品の供給防止という目的のためには、適正配置規制のような**職業選択**の規制ではなく、**職業活動**に対する規制（違反に対する制裁や行政による監督など）で十分であるなどとして、許可条件としての地域的制限を違憲と判断しました。

　上記の大阪地裁判決と大阪高裁判決では、「国民の保健衛生上の危害の防止という目的」のために、「医師法による規制」という手段が必要不可欠か、それとも、より緩やかな規制でも十分か、という点で理解が真っ向から対立しており、この点が結論に大きく影響しました。たしかに、タトゥーイストにも医師としての資格を要求すれば、安全性が高まるとはいえるでしょう。しかし、タトゥーイストになるために、医師免許という最難関の国家資格を取得することを、はたして要求できるでしょうか。

Q3. 大阪地裁判決と大阪高裁判決で、どちらの考え方が妥当か、自分なりの考えをまとめてみましょう。

Q4. 医師法による規制よりも緩やかな規制として、どのようなものが考えられるでしょうか。
　　 大阪高裁判決も参考に書き出してみましょう。

4. 最高裁判所の判断

　本件の最高裁決定（最大決令和2年9月16日刑集74巻6号581頁）は、上告を棄却し、Xを無罪とした大阪高裁判決を支持しました。最高裁は、「医行為とは、医療及び保健指導に属する行為のうち、医師が行うのでなければ保健衛生上危害を生ずるおそれのある行為をいうと解する」としたうえで、次のように述べました。「タトゥー施術行為は、装飾的ないし象徴的な要素や美術的な意義がある**社会的な風俗**として受け止められてきたものであって、医療及び保健指導に属する行為とは考えられてこなかったものである。また、タトゥー施術行為は、医学とは異質の美術等に関する知識及び技能を要する行為であって、医師免許取得過程等でこれらの知識及び技能を習得することは予定されておらず、歴史的にも、長年にわたり医師免許を有しない彫り師が行ってきた実情があり、医師が独占して行う事態は想定し難い。このような事情の下では、被告人の行為は、社会通念に照らして、医療及び保健指導に属する行為であるとは認め難く、医行為

には当たらないというべきである。タトゥー施術行為に伴う保健衛生上の危険については、医師に独占的に行わせること以外の方法により防止するほかない。」

　最高裁は憲法22条1項の問題には立ち入りませんでした。もっとも、上記のように「医行為」に該当するには、保健衛生上の危険のみならず、医療との関連性も必要であり、さらに、タトゥー施術行為による保健衛生上の危険を防止するには、「医師に独占的に行わせること以外の方法」によるほかないと述べたのは、そう解釈しなければ、タトゥーイストに医師免許を要求するような、職業禁止的な（違憲の）制約を課すことになってしまうという考慮が背景にあったといえるでしょう。

Q5. 「医師に独占的に行わせること以外の方法」によってタトゥー施術行為による保健衛生上の危険を防止する場合、どのような手段によるべきでしょうか。最高裁決定に付された草野耕一裁判官補足意見なども参考に考えてみましょう。

グループ・ワーク
次のテーマについて、グループをいくつかに分けて議論をしてみましょう

テーマ1 職業の自由をめぐる法的な問題について、議論してみましょう。
- 憲法22条1項が保障する職業選択の自由には、どのような行為が含まれているでしょうか。具体的に書き出してみましょう。
- 憲法22条1項が保障する自由に対する規制には、どのようなものがあるかまとめてみましょう。
- みなさんが興味のある職業には、なんらかの規制がかかっているでしょうか。

テーマ2 タトゥーイストの職業の自由について、議論してみましょう。
- タトゥーイストに医師の資格を求めることは妥当でしょうか。
- アートメイクを施すのに医師免許が必要でしょうか。必要だとすれば、それはなぜだと考えられるでしょうか。
- 2018（平成30）年の大阪高裁判決ののち、彫師の業界団体である「日本タトゥーイスト協会」が発足しました。2023（令和5）年には「タトゥー施術行為の定義」（https://tattooist.or.jp/info/）も公開しています。これも手がかりに、タトゥー施術行為と医行為の違いについて議論してみましょう。
- タトゥーイストに対する規制は、どのようなあり方が望ましいでしょうか。海外ではタトゥー施術行為にどのような規制が課されているか、調べてみましょう。

第**10**章

財産権
森林法が共有森林の分割請求権を制限するのは憲法違反か?

　本章では財産権について考察します。法の世界で財産といえば、経済的価値を有する物や行為を指します。したがって、財産権とは、このような意味での財産を対象とする権利ということになります。

　財産権は、憲法29条によって規定され、22条の職業選択の自由とともに、学説上、経済的自由に分類されます。もっとも、29条の条文の構成には特徴があります。1項が「財産権は、これを侵してはならない」とする一方、2項で「財産権の内容は、公共の福祉に適合するやうに、法律でこれを定める」としているからです。このような1項・2項を字義どおりに解釈すると、立法府が法律化した財産権は不可侵であり、どのような内容形成が公共の福祉に適合するのかについては、立法府の判断に委ねられているという意味が導き出されます。そして、ここでの内容形成には立法府が新しい財産権を立ち上げる場合のみならず、既存の財産権に制限を加える場合も含まれることになります。

　しかし、これでは法律による財産権の制限までをも、最高法規であるはずの憲法が無条件で受け入れることになってしまいます。そこで、1項でいう財産権は、法律によっても侵害することはできず、しかも財産権に対する制限が公共の福祉に適合するかどうかは立法府の判断に全面的に委ねられているわけではなく、そこには一定の制約が課せられるという考え方に立つことが必要となります。そして、このような見地に立つ限り、次のような問題に取り組まなければなりません。

👉 論点1　憲法29条1項で不可侵とされる財産権とはどのような権利か。

👉 論点2　憲法29条2項でいう公共の福祉とは何を意味するのか。

👉 論点3　財産権を制限する法律が憲法29条2項に違反するかどうかはどのような基準に基づいて審査すべきか。

　以下の森林法事件は、これらの問題に一定の解答を提示することになります。

1　事例の考察──森林法事件

1.　事実関係 ──どのような事件だったのでしょうか

　関係する法律規定を確認しながら、森林法事件（最大判昭和62年4月22日民集41巻3号408頁）の経緯をたどってみましょう。

　山林の所有者であったXは、1947（昭和22）年に、所有していた山林を実の息子Yとその兄のZに各2分の1の持分で無償で譲渡する旨を伝え[*1]、2人ともこれを受け入れました。その結果、YとZは、Xから贈与された山林を共有する関係になりました[*2]。ここで共有とは、1個の物を2人以上の者で共同で所有する法律関係を指します。各共有者が1つずつ所有権を有しますが、目的物は1個です。そのため、目的物の上に共有者ごとの持分を決める必要があります。YとZの場合、Xの所有していた山林の上に1：1の割合で持分が設定されたことになります[*3]。

　両者にはしばらくのあいだ、これといったトラブルはありませんでした。ところがその後、Zはたびたび共有林の一部の伐採について承諾を求めるようになり、Yはそのつど伐採に断固反対する意思を表明していました。しかし、1965（昭和40）年、ZはYの反対を振り切って相当な石数の立木を伐採し、製材業者に売却してしまいます。これを境にして、両者は共有林の管理をめぐり鋭く対立するようになりました。このような状態が続くなかで、Yは、Zとのあいだには著しい感情の隔たりが生まれており、信頼関係の回復はもはや困難であると判断して、Zに対して共有林の分割を求めました。

　民法256条1項本文は、各共有者は相手方に対して自由に分割請求ができるとしていました[*4]。したがって、YとZのように持分比率が1：1の場合はもちろんのこと、たとえ比率が1：99の場合であっても、持分が1の者は持分が99の相手方に対して分割を求めることができました。ここで分割とは、共有関係を解消することです。共有物の分割請求を相手方の共有者が受け入れれば、各共有者は持分に応じた価値に対して単独所有者となります。YとZの場合であれば、YとZそれぞれが、1：1に分筆された森林の所有者となるわけです。

　ところがZは、森林法186条が民法256条1項本文の例外を規定していることを理由に[*5]、これを拒絶しました。つまり、民法256条1項本文が規定する共有分割請求権は、共有森林に関しては、過半数以上の持分の者でなければそれを行使できないとされていたのです。

　そこで、1966（昭和41）年にYは、共有者間の信頼関係が破綻している場合にまで、持分2分の1以下の共有者の分割請求権を一律に否定する森林法186条は、

[*1]　旧民法206条
　所有者ハ法令ノ制限内ニ於テ自由ニ其所有物ノ使用、収益及ヒ処分ヲ為ス権利ヲ有ス。

[*2]　旧民法549条
　贈与ハ当事者ノ一方カ自己ノ財産ヲ無償ニテ相手方ニ与フル意思ヲ表示シ相手方カ受諾ヲ為スニ因リテ其効力ヲ生ス。

[*3]　旧民法249条
　各共有者ハ共有物ノ全部ニ付キ其持分ニ応シタル使用ヲ為スコトヲ得。

[*4]　旧民法256条1項本文
　各共有者ハ何時ニテモ共有物ノ分割ヲ請求スルコトヲ得。

[*5]　旧森林法186条
　森林の共有者は、民法第256条第1項（共有物の分割請求）の規定に関わらず、その共有に係る森林の分割を請求することができない。但し、各共有者の持分の価額に従いその過半数をもって分割の請求をすることを妨げない。

憲法29条に反し無効であると主張し、共有森林の分割を求め出訴するに至りました。これに対して、第一審（静岡地判昭和53年10月31日民集41巻3号444頁）は、森林法186条によってYの主張を退け、第二審（東京高判昭和59年4月25日民集41巻3号469頁）も、これに同調しました。

　この結果、Yのような持分が2分の1以下の者は、相手方の共有者が分割に同意するまで説得を続けるか、さもなければ自分の持分を第三者に売却するしかなくなります。しかし、あくまでも共有森林の分割を求めるYは、これには到底承服できないとして最高裁判所に上告しました。

　ちなみに、第一審判決は、民法256条1項の共有物分割請求権が憲法上の財産権でもあることを暗に認めつつも、森林法1条の掲げる目的は公共の利益に資するものであり*6、このような目的を達成するためには同法186条による制限が必要であるとして、Yによる違憲の主張を否認しました。しかしそれでも、肝心の☞ 論点1・2・3については直接の言及はありません。これに対して最高裁判所は、次に見るように、これらの論点に正面から答えたうえで、森林法186条が憲法29条に違反するかどうかの審査に取り組んでいきます。

> *6　森林法1条
> 　この法律は、森林計画、保安林その他の森林に関する基本的事項を定めて、森林の保続培養と森林生産力の増進とを図り、もつて国土の保全と国民経済の発展とに資することを目的とする。

2. 事案の整理 ──次の問いについて、それぞれ考えてみましょう

Q1. 次の空欄部分に当てはまる用語を入れましょう。
① YとZは、Xとの間の贈与契約によってXの所有であった森林を（　　　　　）する法律関係にあった。
② （　　　）は、（　　　）との信頼関係が（　　　）の不信行為によって破綻していると考えた。
③ （　　　）は、（　　　）を相手取って（　　　　　　　　）を求め裁判所に提訴した。

Q2. 次の正誤問題を考えてみましょう。
① Zは、Yとの共有関係が解消されることを望んでいた。　　　　　　　　（　Yes　／　No　）
② 民法256条1項本文は、各共有者に持分の割合に関係なく共有物の分割請求を認めていた。
　　　　　　　　　　　　　　　　　　　　　　　　　　　　　　　　　（　Yes　／　No　）
③ 森林法186条は、共有森林の2分の1以上の持分の者でなければ分割請求ができないと定めていた。　　　　　　　　　　　　　　　　　　　　　　　　　　　　　　（　Yes　／　No　）
④ 第一審判決は、Yによる共有森林の分割請求を認めた。　　　　　　　（　Yes　／　No　）

Q3. 次の問いに答えましょう。
① YがZとの信頼関係が破綻していると考えるようになったのは、Zのとったある行動が原因となりました。それはどのような行動でしょうか。

_____

_____

_____

② 民法256条1項本文は、各共有者に対してどのような権利を認めているでしょうか。

_____
_____
_____

③ 森林法186条は、民法256条1項本文の例外を定めていました。それはどのような例外ですか。

_____
_____

④ 森林の持分2分の1の共有者の分割請求権が否定されるのは、どのような目的を達成するためでしょうか。第一審判決に即して答えてください。

_____
_____
_____

3.　最高裁判所の判決 ——判決を見てみましょう

次のAからGは、最高裁判所の判決（最大判昭和62年4月22日民集41巻3号408頁）から抜粋し、編集を施したものです。

A

「憲法29条は……私有財産制度を保障しているのみでなく、社会的経済的活動の基礎をなす国民の個々の財産権につきこれを基本的人権として保障するとともに、社会全体の利益を考慮して財産権に対し制約を加える必要性が増大するに至つたため、立法府は公共の福祉に適合する限り財産権について規制を加えることができる、としているのである。」

B

「財産権は、それ自体に内在する制約があるほか、……立法府が社会全体の利益を図るために加える規制により制約を受けるものであるが、この規制は、財産権の種類、性質等が多種多様であり、また、財産権に対し規制を要求する社会的理由ないし目的も、社会公共の便宜の促進、経済的弱者の保護等の社会政策及び経済政策上の積極的なものから、社会生活における安全の保障や秩序の維持等の消極的なものに至るまで多岐にわたるため、種々様々でありうるのである。したがつて、財産権に対して加えられる規制が憲法29条2項にいう公共の福祉に適合するものとして是認されるべきものであるかどうかは、規制の目的、必要性、内容、その規制によつて制限される財産権の種類、性質及び制限の程度等を比較考量して決すべきものであるが、裁判所としては、立法府がした右比較考量に基づく判断を尊重すべきものであるから、立法の規制目的が前示のような社会的理由ないし目的に出たとはいえないものとして公共の福祉に合致しないことが明らかであるか、又は規制目的が公共の福祉に合致するものであつても規制手段が右目的を達成するための手段として必要性若しくは合

理性に欠けていることが明らかであつて、そのため立法府の判断が合理的裁量
の範囲を超えるものとなる場合に限り、当該規制立法が憲法29条2項に違背す
るものとして、その効力を否定することができるものと解するのが相当である。」
（最大判昭和50年4月30日民集29巻4号572頁参照）

C

　「共有物分割請求権は、各共有者に近代市民社会における原則的所有形態
である単独所有への移行を可能ならしめ、……共有の本質的属性として、持
分権の処分の自由とともに、民法において認められるに至つたものである。し
たがつて、……分割請求権を共有者に否定することは、憲法上、財産権の制
限に該当」する。

D

　「森林の細分化を防止することによつて森林経営の安定を図り、ひいては森
林の保続培養と森林の生産力の増進を図り、もつて国民経済の発展に資するこ
とにあると解すべきである。同法186条の立法目的は、以上のように解される
限り、公共の福祉に合致しないことが明らかであるとはいえない。」

E

　「共有者間、ことに持分の価額が相等しい2名の共有者間において、共有物
の管理又は変更等をめぐつて意見の対立、紛争が生ずるに至つたときは、各共
有者は、……管理又は変更の行為を適法にすることができないこととなり、ひ
いては当該森林の荒廃という事態を招来することとなる」。民法256条1項は、
「かかる事態を解決するために設けられた規定である……が、森林法186条が
共有森林につき持分価額2分の1以下の共有者に民法の右規定の適用を排除し
た結果は、右のような事態の永続化を招くだけであつて、当該森林の経営の安
定化に資することにはならず、森林法186条の立法目的と同条が共有森林につ
き持分価額2分の1以下の共有者に分割請求権を否定したこととの間に合理的
関連性のないことは、これを見ても明らかであるというべきである。」

F

　「共有森林につき持分価額2分の1以下の共有者からの民法256条1項に基
づく分割請求の場合に限つて、他の場合に比し、当該森林の細分化を防止する
ことによつて森林経営の安定を図らなければならない社会的必要性が強く存す
ると認めるべき根拠は、これを見出だすことができないにもかかわらず、森林
法186条が分割を許さないとする森林の範囲及び期間のいずれについても限定
を設けていないため、同条所定の分割の禁止は、必要な限度を超える極めて厳
格なものとなつているといわざるをえない。まず、森林の安定的経営のために
必要な最小限度の森林面積は、当該森林の地域的位置、気候、植栽竹木の種
類等によつて差異はあつても、これを定めることが可能というべきであるから、
当該共有森林を分割した場合に、分割後の各森林面積が必要最小限度の面積
を下回るか否かを問うことなく、一律に現物分割を認めないとすることは、同
条の立法目的を達成する規制手段として合理性に欠け、必要な限度を超えるも

のというべきである。また、当該森林の伐採期あるいは計画植林の完了時期等を何ら考慮することなく 無期限に分割請求を禁止することも、同条の立法目的の点からは必要な限度を超えた不必要な規制というべきである。」

G

「森林法186条が共有森林につき持分価額2分の1以下の共有者に民法256条1項所定の分割請求権を否定しているのは、森林法186条の立法目的との関係において、合理性と必要性のいずれをも肯定することのできないことが明らかであつて、この点に関する立法府の判断は、その合理的裁量の範囲を超えるものであるといわなければならない。したがつて、同条は、憲法29条2項に違反し、無効というべきである」。

4. 判決の整理 ——次の問いに答えて、判決を整理しましょう

Q1. 下記の①〜⑦は、判決文のA〜Gが示す内容を項目化したものです。各判決文に対応する項目を（　）に記入してみましょう。

① 森林法186条の違憲性
② 立法目的達成のために森林法186条が採用した手段の合理性
③ 憲法29条1項・2項が財産権を保障する意義
④ 立法目的達成のために森林法186条が採用した手段の必要性
⑤ 森林法186条の立法目的の正当性
⑥ 共有物分割請求権に対する森林法186条による制限
⑦ 財産権制限が憲法29条に違反するか否かを審査するための基準

A:（　　）　B:（　　）　C:（　　）　D:（　　）　E:（　　）　F:（　　）　G:（　　）

Q2. 次の空欄部分をうめてみましょう。

① 法律による財産権規制は、たとえ規制の目的が公共の福祉に適合していても、規制手段としての（　　　　）と（　　　　）とが認め難いことの明らかな場合には、当該法律は憲法29条2項に違反することになる。

② 憲法29条1項・2項は、個々の国民に財産権を保障するだけでなく、（　　　　）という制度をも保障している。

③ 森林法186条が採用した手段の必要性の有無を判断するためには、分割が許されない森林の（　　　　）と（　　　　）の2点を検討しなければならない。

Q3. 判決は、森林法186条の立法目的が公共の福祉に適合しないとまではいえないとしています。このような判断は何を根拠にしているのでしょうか。

_____

_____

_____

Q4. 判決では、森林法186条が持分2分の1以下の共有者に共有森林の分割請求権を否定したことによってどのような事態を招くと認識されたのでしょうか。

_____

_____

_____

Q5. 判決文Bは、財産権規制についての立法府の判断は合理的裁量の範囲を超えてはならないとしています。立法府の判断がこのような範囲を超えているか否かは何を基準にして決定されるのでしょうか。

_____

_____

_____

2 解説と確認問題

1. 憲法29条1項の財産権

　通説は、憲法29条1項には次のような内容が含まれていると解しています。それはまず、個人が現に保有する財産に対する権利を人権として保障することです。そうすると財産権の範疇には、物権や債権といった民法上の権利のみならず、著作権、鉱業権、漁業権などの特別法上の権利、さらには、水利権、河川利用権、年金受給権のような公法上の権利までもが含まれることになります。個人が保有するこれらすべての財産権を、立法府といえども侵害することは許されないとされるのです。

　この点に関して最高裁判所は、森林法事件判決文Aのなかで「社会的経済的活動の基礎をなす国民の個々の財産権につきこれを基本的人権として保障する」と述べるにとどまります。しかし、判決文Cでは、本件のYのような森林の共有者の誰しもが保有する共有物分割請求権が憲法上の財産権でもあることを暗に認めたうえで、森林法186条がこの権利に対する制限であると述べられています。したがって、最高裁判所も、上記の通説の見解と同様の立場に立っていることは確かです。ちなみに、森林法事件第一審判決もこれと同じ見解を採用したことは、前述したとおりです。

　次にあげられるのが、制度としての**私有財産制**を保障することです。そもそも、財産権が成り立つためには、どのような種類の財産が誰に帰属するかについてのルールがあらかじめ法律で定められていなければなりません。個人が財産権を行使できるのは、その権利に関する法律上のルールがすでに存在し、これによって保護されているからなのです。ここでいう私有財産制とは、このよ

うな法律上のルールによって形づくられる制度を指します。

　この点に関して最高裁判所も、森林法事件判決文Aにあるとおり、憲法29条1項・2項が個人の人権としての財産権だけではなく、私有財産制をも保障すると述べています。そしてこの結果、通説と判例は、☞ **論点1**に解答を提示することになりました。

　通説はさらに進んで、私有財産制の核心は生産手段の私有の原則であり、これを否定する立法は憲法29条1項に違反すると説きます。したがって、たとえば、重要産業の国有化を推し進めるための立法は許されないことになります。そして、こうした立法のためには、憲法29条1項自体に改正を加える必要があるとされます。しかし、一部の学説からは、この制度の中核は、個人は生活に必要不可欠な物的手段を享有できるという原則であって、この原則が侵害されない限り、重要産業の国有化のための立法であっても憲法29条1項には違反しないとの主張がなされており、意見の対立が続いています。

Q1. 憲法29条は財産権をどのように保障していますか。通説に基づいて答えてください。

2.　財産権制限の違憲審査基準

　先述のように、憲法29条2項が法律による財産権の内容形成を定めている以上、内容形成の一環として、財産権を法律で制限することも認められることになります。しかし、公共の福祉に適合しなければ、財産権を制限することも、同項違反の権利侵害になると見なければなりません。学説はこのような見地に立って、財産権を制限する法律が違憲かどうかを、どのような基準によって審査すべきかについて議論を重ねてきました。

1　財産権の保障と制限を基礎づける思想

　この問題を考えるにあたっては、財産権の保障とその制限を基礎づけてきた次の思想を理解する必要があります。すなわち、自由国家の政治思想が支配的であった18世紀後半から20世紀初頭には、財産を自分の思うままに利用できることこそが財産権の本質であり、国家といえどもこれを侵すことは許されないという法思想が多くの国々に受け入れられていました。たとえば、1789年に発

布されたフランス人権宣言17条では、所有権の神聖不可侵がうたわれています。

　しかしその後、このような思想が行きすぎたために弊害が生じました。経済的に恵まれない人々の生存を脅かす事態を招いたのは、その最たる例です。このような事態は、社会国家の政治思想が進展するきっかけともなりました。つまり、国家には経済的弱者を積極的に救済する責務があるとされる一方、弊害を除去するために、個人や企業の経済的自由に対し、制限を講ずることが要請されるようになったのです。これを機に、権利者は**社会的義務**に服しながら財産を利用しなければならないとするもう一つの法思想が普及していきます。たとえば、1919年制定のワイマール憲法153条は、1項において「所有権は、憲法によって保障される。その内容およびその限界は、法律によって明らかにされる」とし、3項で「所有権は義務が伴う。その行使は、同時に公共の福祉に役立つべきである」と規定しており、このような思想が色濃く反映されていました。

2　通説が説く公共の福祉と違憲審査基準

　通説は、憲法29条にも以上のような思想的背景があることを前提にして、財産権を制限する場合、**公共の福祉**は、次の2つの働きをすると解してきました。一つは、社会公共の秩序と安全を維持し、またこれらに対する障害を除去するために、必要にして合理的な必要最小限度の制限のみを認める自由国家的な公共の福祉としての働きです。もう一つは、経済的弱者の救済・支援などの社会経済政策を推進するために、必要な限度での制限を認める社会国家的な公共の福祉としての働きです。一般に、前者を**内在的制約**、後者を**政策的制約**と呼びます。通説は、具体的な違憲審査基準として、内在的制約の場合は「**厳格な合理性の基準*7**」、政策的制約の場合は「**明白性の原則*8**」がそれぞれ妥当すると説きます。

　違憲審査基準にこうした使い分けが求められるのには、次のような事情があります。内在的制約の場合は、裁判所が財産権制限を支える「**立法事実**」を検証することは可能です。つまり、裁判所は、財産権の利用と社会的害悪との因果関係の有無や財産権制限の必要性の程度を、個別具体的な社会関係をもとにして判断することができます。そのため、裁判所に、制限の目的と目的達成のための手段の両面について、より丁寧な合理性審査が求められるとされます。

　これに対し、司法機関である裁判所が、政治機関たる立法府の社会経済政策に対して違憲審査を及ぼそうとしても、そこには自ずと限界があります。つまり、司法制度はもっぱら法律問題を解決するために設けられているのであって、政策問題を判断するのには不向きなのです。そこで、裁判所は、政策的制約の場合、制限の内容が著しく不合理であることが明らかでない限り、当該制限は違憲とは判断できないとされます。

＊7　厳格な合理性の基準については、第6章 (p.66)を参照してください。

＊8　明白性の原則については、第6章 (p.63)を参照してください。

3　森林法判決前の判例

　最高裁判所は、財産権制限の違憲性については、その制限の目的の公益性と目的達成のための手段の合理性を、観念的に審査するという姿勢をとっていました。したがって、財産権の制限を支える立法事実の検証はなされず、しかも公共の福祉の意味について直接言及することはありませんでした。

　たとえば、地主による小作人への農地の賃貸借更新の拒絶を都道府県知事の許可にかからしめていた農地法20条について、「農業経営の民主化の為め小作農の自作農化の促進、小作農の地位の安定向上を重要施策としている現状の下では、右程度の不自由さは公共の福祉に適合する合理的な制限と認むべきであり、また、右のような農地所有者の不利益も公共の福祉を維持する上において甘受しなければならない程度のものと認むべきである」として、憲法29条2項には違反しないと判示しました*9。ちなみに、上記の森林法事件第一審判決でも、森林法186条の違憲審査のためにこれと同様の手法がとられました。

　その後、最高裁判所は、小売市場距離制限事件*10と薬事法距離制限事件*11において、憲法22条の職業の自由の規制には、その目的から大別して、国民の生命・健康に対する危害の防止といった消極的な目的から規制を加える場合と、貧困層の生活を支援したり零細企業の経営の安定をはかったりするという積極的な目的から規制を課す場合があることを明らかにしました。最高裁判所は、前者については、裁判所は規制の目的の正当性と目的達成のために採用された手段の必要性・合理性を詳しく審査しなければならないとする一方、後者については、規制が著しく不合理であることが明らかな場合でない限り、裁判所には立法府の政策判断を尊重することが求められると判示しました。最高裁判所が示した以上のような考え方を、**規制目的二分論**と呼びます。

　そうすると、通説が提示した自由国家的公共の福祉に基づく制限には最高裁判所のいう消極目的による規制が対応し、社会国家的公共の福祉に基づく制限には積極目的による規制が対応していることが確認できます。

4　森林法判決が提示する公共の福祉と違憲審査基準

　こうしたなか、最高裁判所は、森林法事件判決文Bにあるとおり、財産権は内在的制約とともに、社会全体の利益をはかるために加えられる規制にも服するとしました。判決文Bでは、実際の財産権の種類・性質は多様であるだけでなく、財産権規制の目的も、積極的なものから消極的なものに至るまで多岐にわたるため、立法府はこれらを比較衡量して財産権規制の当否を判断することができ、裁判所はこのような判断を尊重しなければならないと述べています。しかしそれでも、裁判所は、規制の目的が公共の福祉に反することが明らかで

*9　最大判昭和35年2月10日民集14巻2号137頁。

*10　最大判昭和47年11月22日刑集26巻9号586頁。

*11　最大判昭和50年4月30日民集29巻4号572頁。

あるか、目的達成のために採用された手段に必要性・合理性が著しく欠如していると認められる場合に限り、立法府による上記の判断を違憲とすることができるとも述べられています。

　最高裁判所は、財産権の制限に関する以上のような一般論を前提にして、森林法186条の違憲審査に取りかかります。森林法事件判決文Dで、森林の細分化を防ぐことによって森林経営の安定化をはかるという森林法186条の立法目的は、公共の福祉に違反するとまではいえないとして、その正当性を認めています。

　しかし、判決文Eでは、本件のYとXのような信頼関係が破綻している場合にまで森林法186条が適用されると、共有森林の荒廃を招くことになり、その結果、同法の立法目的を実現することが困難になるとして、森林の持分が2分の1以下の共有者の分割請求権を否定するという手段には合理性は認めがたいとしています。また判決文Fでは、森林法186条が分割請求を許さない共有森林の面積と期間について一切規定しないまま一律に分割請求を否定しているのは、必要な限度を超えた制限であるとして、必要性についても認められないと述べています。以上により、判決文Gで、森林法186条は憲法29条2項に違反すると結論づけられました。そして、この判決を受けて、学説においては、財産権制限の場合も規制目的二分論が妥当するとの考え方が大勢を占めるようになりました。

　もっとも最高裁判所は、森林法事件判決文Dで、森林法186条の目的が森林の細分化を防止することによって森林経営の安定をはかることにあるとしています。しかしその一方、判決文Bの末尾においては、職業の自由に対する内在的制約には厳格な合理性の基準が妥当することを明らかにした薬事法距離制限事件が引用されています。そして、これを受けるかのように判決文E・判決文Fでは、森林の持分が2分の1以下の共有者の分割請求権を否定することの合理性とその必要性について、立法事実をもとにした詳細な検討がなされています。

　したがって、最高裁判所は、判決文Bで財産権の規制目的が積極的なものから消極的なものまで多様であるとしながらも、違憲審査基準については、明白性の原則ではなく厳格な合理性の基準を採用したことになります。つまり、目的が消極的であるか積極的であるかに比重を置くことなく、森林法186条の目的の正当性と共有森林分割請求権を否定することの合理性・必要性の審査が進められたのです。

5　森林法判決以降の判例

　森林法事件以降、最高裁判所は、森林法事件判決が採用した上記のような審査方法を踏襲しています。ただし、財産権規制の目的が「消極的」か「積極的」かを明言することは避けられています。たとえば、最高裁判所は、証券取引法

＊12　最大判平成14年
2月13日民集56巻2号
331頁。

＊13　旧証券取引法
164条1項
　上場会社等の役員又
は主要株主がその職務
又は地位により取得した
秘密を不当に利用するこ
とを防止するため、その
者が当該上場会社等の
特定有価証券等につい
て、自己の計算において
その買付けをした後六月
以内に売付けをし、又は
売付けをした後六月以内
に買付けをして利益を得
た場合においては、当該
上場会社等は、その利益
を上場会社等に提供すべ
きことを請求することが
できる。

事件＊12で、上場企業の役員などに対して当該企業の株券の短期売買取引による利益を当該企業に提供すべきと規定していた旧証券取引法164条1項＊13について、一般投資家の利益をインサイダー取引から守り、証券市場に対する一般投資家の信頼を確保するという同条の目的の正当性と、上場企業の役員などに対して一律に課される義務の必要性・合理性を比較衡量したうえで、同条は憲法29条2項には違反しないと判示しました。ここでインサイダー取引とは、上場企業の役員や大株主が一般投資家の知り得ない内部情報を利用して行う不当な株取引を意味します。内部情報が当該企業の株価を大きく左右するような場合、これをあらかじめ知り得る立場にある人たちが株の買い漁りや売り逃げによって利益を上げる可能性があります。このような取引が横行すれば、一般投資家は不利益を被り、ひいては株式市場に対する一般投資家の信頼を喪失してしまいます。その一方、個々の具体的な株取引について内部情報を不当に利用したか否かという事実を認定することはきわめて困難です。そこで、一定期間内に株の売り付けや買い付けによって得た利益について、一律に返還義務を課すことが必要になります。最高裁判所は、こうした個別具体的な社会関係が、旧証券取引法164条1項を支える立法事実であると理解したわけです。とはいえ、この判決でも、上述のように「積極的」「消極的」の語は一切用いられていません。

　以上を前提にすれば、☞ 論点2・3に対する解答は、通説の説くように規制目的二分論を純粋に適用するか、それとも、森林法判決以降の判例のように規制目的における消極性・積極性に拘泥しないで、目的の正当性と手段の必要性・合理性を審査するかのいずれかということになります。

Q2. 通説は、憲法29条2項の「公共の福祉」についてどのような意味に解していますか。

Q3. 最高裁判所は、森林法186条が憲法29条2項に違反するかどうかを、どのような基準に基づいて審査しましたか。

グループ・ワーク
次のテーマについて、グループをいくつかに分けて議論をしてみましょう

テーマ1　法律による財産権の内容形成について議論してみましょう。

● 民法はどのような財産が誰に帰属するかについてのルールを多数定めています。民法の規定からその例を一つ探し出し、なぜそれが財産権の内容形成といえるのかについてまとめてみましょう。

● 民法256条1項は共有物分割請求権を定めています。なぜこの権利が憲法上の財産権でもあるといえるのでしょうか。森林法事件のYの立場に立って考えてみましょう。

● 憲法29条1項が私有財産制を保障するとは何を意味するのでしょうか。同条項が人権として財産権を保障する場合と比較しながら考えてみましょう。

テーマ2　財産権の制限について考えてみましょう。

● 財産権の主体が自分の思うままにこの権利を行使すると、外部とのさまざまな軋轢が生じてしまいます。そのため、財産権には法的制限が加えられる局面があることは否定できません。どのような場合に財産権は制限を受けるのでしょうか。具体例をあげながら考えてみましょう。

● 通説は、財産権制限の違憲審査基準の一つとして、「明白性の原則」を採用しています。裁判所がこの基準を適用することによって憲法29条2項違反と判断するような具体例を一つあげたうえで、その事例がなぜ違憲と判断されるかについて考えてみましょう。

● 財産権制限の目的は実際のところ多様であり、消極的なものと積極的なものに二分することは困難であるという見方が有力です。こうした見地に立って、旧証券取引法（現在の金融証券取引法）164条1項における財産権制限の目的について考えてみましょう。

第**11**章

部分社会論
団体内部の紛争に司法審査は及ぶか？

　本章では、大学の単位認定行為に裁判所の司法審査が及ぶかどうかが問題となった事件（富山大学事件）を素材として、司法権の限界について考えます。憲法は、権力分立原理に基づき、国家権力を複数の機関に分割して帰属させています。これは、それぞれの機関が、自らの権限を過不足なく行使することによって、基本的人権を保障する仕組みといえます。

　他方で、社会には、その存在意義や自律的な権能が、憲法や法律によって与えられている、さまざまな団体があります。これらの団体内部の問題について、司法権は、どこまで関与することができるでしょうか。団体の権限や自律性を確保しながら、団体の構成員の権利や利益を保障するために、裁判所は、どのように司法権の範囲を画定し、それを行使しているのでしょうか。

　社会には、大学のほかにも、議会や政党などさまざまな団体が存在します。これらの団体内部の自律性と司法審査が問題になった事例も参照しながら、部分社会論について考察していきましょう。

1 事例の考察——富山大学事件

1. 事実関係 ——どのような事件だったのでしょうか

1　事案の概要

　1966（昭和41）年4月15日、国立富山大学経済学部の学生X_1～X_6（以下、「Xら」という）は、教授Aが担当する経済原論（4単位）および演習（2単位）の単位を取得するため、経済学部長Y_1に経済原論の履修票を提出して、その授業に出席していました。同年12月26日、Y_1は、Aが、卒業生の一部についてその成績証明書を偽造したことなどを理由に、Aの授業科目・演習等の授業の担当を停止する措置（以下、「授業停止措置」という）をとり、Xらに対しては、代替の授業

科目・演習等を履修するよう指示をしました。

　ところが、Xらは、従来どおりAの授業および演習に出席し、Aの実施した試験を受け、Aから合格の判定を受けました。経済学部の学部規程によれば、担当教授が合否判定を行い、合格した授業科目・演習等について、学部長が所定の単位取得を認定することになっていたので、Aのほうでも、1967（昭和42）年3月20日に、Y₁にXらの経済原論および演習の成績票を提出しました。しかし、Y₁は、Aが授業停止措置に反して行った授業と試験は、同学部の正式な授業科目・演習等としての性質を持たないことを理由に、Aの成績票提出から相当の期間を経過してもなお、Xらが提出した履修票について、単位授与・不授与の決定も、Xらが当該授業科目の単位を取得したことの認定もしませんでした。

　そこで、Xらは、仮にY₁に単位取得を認定する最終的な権限がないとすれば、その認定権者は同大学学長Y₂であるとして、Y₁・Y₂それぞれに対して、単位授与・不授与の決定をしなかったという不作為の違法確認（行政事件訴訟法3条5項）または単位取得認定義務の確認を求める訴えを提起しました。

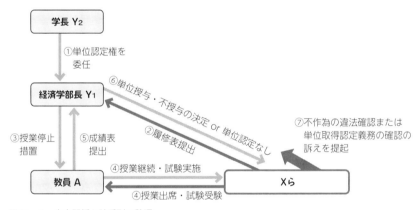

図11−1　事実関係と時系列の整理

2　下級審の判断

　第一審（富山地判昭和45年6月6日民集31巻2号244頁）および控訴審（名古屋高金沢支判昭和46年4月9日民集31巻2号265頁）は、国立大学の在学関係は、公法上の営造物利用関係[*1]であって、いわゆる特別権力関係[*2]に属し、特別権力関係内部の問題については、それが一般市民としての権利義務に関するものでない限り、その関係内部の自主、自律の措置に委ねるべきで、裁判所がこれに介入するのは相当でないとの考え方を示しました。そのうえで、ある授業科目について単位を授与するかどうかは、特別権力関係の内部事項に属し、一般市民としての権利義務に関係するものではないから、裁判所の司法審査の対象にはならないとして、訴えを却下しました。

＊1　富山大学事件当時、国立大学は、国立学校設置法に基づき国が設置し国の意思によって支配し運営される営造物でしたが、2003（平成15）年に制定された国立大学法人法により大学ごとに法人化されました。現在の国立大学は、各大学が独立した法人格をもち、自律的な運営を行っています。

＊2　在監関係、公務員関係、国立大学の学生関係などの公権力と国民との特別な法律関係を特別権力関係という観念でとらえ、そこにおいては、公権力は、特別権力関係に属する私人を、①法律の根拠なく支配し、②人権を制限することができ、③そこには司法審査が及ばないと説く考え（伝統的な特別権力関係論）があります。しかし、日本国憲法は、「法の支配」の原理ないし実質的法治主義を採用しているので、このような伝統的な特別権力関係論をそのまま採用することはできません。今日では、公務員関係や在監関係において、なんらかの人権制約があり得るとしても、それぞれの法律関係において、いかなる人権が、いかなる根拠から、どの程度制約されるのかを具体的に検討する必要があり、さらに公権力の違法な措置に対しては司法審査が及ぶと考えられています。

　　　　なお、本件では、富山大学経済学部専攻科の学生 X_7 が、 X らと同様の事情で、 Y_1 宛に提出した A 担当の演習および研究報告 10 単位の履修票について、単位授与・不授与の決定がなされず、 Y_2 に提出した同専攻科履修届について、修了・未修了の決定がなされなかったため、控訴審までは、 X_7 も X らとともにこの事件の原告に名を連ねていました。控訴審は、 X_7 の修了不決定違法確認請求に関して、専攻科の修了は、学部の卒業と同じ効力を有し、修了の認定を与えないことは卒業の認定を与えない場合と同様に、営造物利用の観念的一部拒否と見ることができ、その点で市民法秩序に関するものと認められるから、特別権力関係上の行為ではあるものの、司法権が及ぶと判断しました。控訴審は、第一審判決中、 X_7 に関する部分を取り消し、この部分だけを富山地方裁判所に差し戻したので、 X_7 が原告となる請求について、最高裁では別事件として判断されることになりました*³。

*3　専攻科修了不認定事件（最判昭和52年3月15日民集31巻2号280頁）。

2. 事案の整理 ——次の問いについて、それぞれ考えてみましょう

Q1. 次の空欄部分に当てはまる用語を入れましょう。

① この事件の原告は（　　　　　　）で、被告は（　　　　　　）と（　　　　　　）である。

② この事件は行政事件で、原告は、単位授与／不授与に関する（　　　　　　）の違法確認または単位認定義務の確認を求めて、訴えを提起した。

③ 第一審・控訴審は、X らの訴えを（　　　　　　）した。

Q2. 次の問いに答えましょう。

① 第一審・控訴審は、どのような理由で、X らの訴えを却下しましたか。

_____

_____

_____

② 控訴審は、どのような理由で、第一審判決中、 X_7 に関する部分を取り消し、この部分につき本件を富山地方裁判所に差戻しましたか。

_____

_____

_____

3. 最高裁判所の判決 ——判決を見てみましょう

　　　　以下では、最高裁判決（最判昭和52年3月15日民集31巻2号234頁）の内容を確認していきましょう。次の A ～ D はその判決文を抜粋したものです。

A

　「裁判所は、憲法に特別の定めがある場合を除いて、一切の法律上の争訟を裁判する権限を有するのであるが（裁判所法3条1項）、ここにいう一切の法律上の争訟とはあらゆる法律上の係争を意味するものではない。すなわち、ひと口に法律上の係争といつても、その範囲は広汎であり、その中には事柄の特質上裁判所の司法審査の対象外におくのを適当とするものもあるのであつて、例えば、一般市民社会の中にあつてこれとは別個に自律的な法規範を有する特殊な部分社会における法律上の係争のごときは、それが一般市民法秩序と直接の関係を有しない内部的な問題にとどまる限り、その自主的、自律的な解決に委ねるのを適当とし、裁判所の司法審査の対象にはならないものと解するのが、相当である」。

B

　「大学は、国公立であると私立であるとを問わず、学生の教育と学術の研究とを目的とする教育研究施設であつて、その設置目的を達成するために必要な諸事項については、法令に格別の規定がない場合でも、学則等によりこれを規定し、実施することのできる自律的、包括的な権能を有し、一般市民社会とは異なる特殊な部分社会を形成しているのであるから、このような特殊な部分社会である大学における法律上の係争のすべてが当然に裁判所の司法審査の対象になるものではなく、一般市民法秩序と直接の関係を有しない内部的な問題は右司法審査の対象から除かれるべきものである」。

C

　「〔大学の単位制度について定める大学設置基準によれば＊4、〕単位の授与（認定）という行為は、学生が当該授業科目を履修し試験に合格したことを確認する教育上の措置であり、卒業の要件をなすものではあるが、当然に一般市民法秩序と直接の関係を有するものでないことは明らかである。それゆえ、単位授与（認定）行為は、他にそれが一般市民法秩序と直接の関係を有するものであることを肯認するに足りる特段の事情のない限り、純然たる大学内部の問題として大学の自主的、自律的な判断に委ねられるべきものであつて、裁判所の司法審査の対象にはならないものと解するのが、相当である。」

D

　「特定の授業科目の単位の取得それ自体が一般市民法上一種の資格要件とされる場合のあることは所論のとおりであり、その限りにおいて単位授与（認定）行為が一般市民法秩序と直接の関係を有することは否定できないが、……一般的にすべての授業科目の単位の取得が一般市民法上の資格地位に関係するものであり、単位授与（認定）行為が常に一般市民法秩序と直接の関係を有するものであるということはできない。そして、本件単位授与（認定）行為が一般市民法秩序と直接の関係を有するものであることについては、上告人らはなんらの主張立証もしていない。してみれば、本件単位授与（認定）行為は、裁判所の司法審査の対象にはならない」。

4. 判決の整理 ——次の問いに答えて、判決を整理しましょう

Q1. 下記①〜④は、判決文のＡ〜Ｄが示す内容と対応しますが、その対応関係を（　）内に記入してみましょう。

---

① 裁判所の司法審査の対象：部分社会論の採用
② 単位授与（認定）行為と一般市民法秩序の関係
③ 大学が「特殊な部分社会」にあたることとその理由
④ 本件単位授与（認定）行為が、司法審査の対象になるかどうかについてのあてはめ

Ａ：（　　　　）　　Ｂ：（　　　　）　　Ｃ：（　　　　）　　Ｄ：（　　　　）

Q2. 次の空欄部分をうめてみましょう。

　「ひと口に法律上の係争といつても、その範囲は広汎であり、その中には事柄の特質上裁判所の司法審査の対象外におくのを適当とするものもあるのであつて、例えば、一般市民社会の中にあつてこれとは別個に自律的な法規範を有する特殊な（　　　　　　　　　　）における法律上の係争のごときは、それが（　　　　　　　　　　）と直接の関係を有しない内部的な問題にとどまる限り、その自主的、自律的な解決に委ねるのを適当とし、裁判所の司法審査の対象にはならない」。

Q3. 次の正誤問題を考えてみましょう。

① この判決は、大学が「特殊な部分社会」にあたるかどうかを判断するにあたり、国立大学と私立大学を区別している。　　　　　　　　　　　　　　　　　　　　　（　Yes　／　No　）

② この判決は、学生に対する単位授与（認定）行為は、当然に一般市民法秩序と直接の関係を有するものでないことは明らかであり、原則として、裁判所の司法審査の対象とはならないとした。
　　　　　　　　　　　　　　　　　　　　　　　　　　　　　　　　（　Yes　／　No　）

③ この判決によれば、単位授与（認定）行為は、大学という部分社会内部の行為であるから、特定の授業科目の単位の取得それ自体が一般市民法上一種の資格要件とされる場合であっても、単位授与（認定）行為が司法審査の対象となることは一切ない。　　　（　Yes　／　No　）

Q4. 次の問いに答えましょう。

① この判決は、法律上の係争のうち、「事柄の特質上裁判所の司法審査の対象外におくのを適当とするもの」の例として、どういうものをあげていますか。

---

② この判決は、特殊な部分社会における法律上の係争は、どのような場合に司法審査の対象になると判断しましたか。

---

③　この判決は、大学を「特殊な部分社会」にあたると判断しましたが、それはなぜですか。

_____

_____

_____

_____

④　この判決は、単位授与（認定）行為を「大学内部の問題」にあたると判断しましたが、それはなぜですか。

_____

_____

_____

2 解説と確認問題

1. 司法権の範囲 ──法律上の争訟

　司法権が裁判所に属することを定める憲法76条1項*5と、裁判所の権限について定める裁判所法3条1項*6の規定から、司法権には、①**法律上の争訟**を裁判する権限と、②その他法律において特に定める権限とが含まれると考えられます。そして、「法律上の争訟」については、板まんだら事件判決*7において、（a）「当事者間の具体的な権利義務ないし法律関係の存否に関する紛争であつて」（**事件性の要件**）、かつ、（b）「それが法令の適用により終局的に解決することができるもの」（**終局性の要件**）と定義されています*8。

　さらに、事件性の要件を満たさなくても出訴できる場合として、民衆訴訟*9と機関訴訟*10とがあります。これらは、**客観訴訟**と呼ばれ、裁判所が、「その他法律において特に定める権限」を行使する場面です。法律に定める場合において、法律に定める者に限り、提起することができます（行政事件訴訟法42条）。そのほか、家事審判のような非訟事件の裁判権も、「特に定める権限」に含まれます。

Q1. 裁判所は、どのような場合に裁判することができますか。

+---+
| |
| |
| |
| |
| |
| |
| |
| |
| |
| |
+---+

＊5　憲法76条1項
　すべて司法権は、最高裁判所及び法律の定めるところにより設置する下級裁判所に属する。

＊6　裁判所法3条1項
　裁判所は、日本国憲法に特別の定めのある場合を除いて一切の法律上の争訟を裁判し、その他法律において特に定める権限を有する。

＊7　最判昭和56年4月7日民集35巻3号443頁。

＊8　事件性の要件と終局性の要件については、第13章（p.138）を参照してください。

＊9　行政事件訴訟法5条。公職選挙法203条・204条の選挙訴訟、地方自治法242条の2の住民訴訟など。

＊10　行政事件訴訟法6条。地方自治法251条の5以下の関与訴訟など。

2. 司法権の限界

　　本章で扱う**部分社会論**は、司法権の限界として論じられてきました。司法権の限界は、①外交官の接受国の裁判権からの免除（ウィーン条約31条）などの国際法上の限界、②議員資格争訟の裁判（憲法55条）、裁判官の弾劾裁判（憲法64条）のような憲法上の限界、そして、③法律上の係争ではあるが、事柄の性質上裁判所の審査に適しないと認められるものに伝統的に分類されています。③にあたるものとしては、❶国会ないし各議院の自律権（ないしは自主権）に属する行為、❷行政権ないし国会の自由裁量に属する行為、❸いわゆる**統治行為**＊11、❹団体内部事項に関する行為があげられます。

　　❶〜❸の事例では、最高裁は、「法律上の争訟」該当性を前提としたうえで、問題となっている行為の有効・無効の判断に積極的には立ち入らないという対応をとってきました。たとえば、❸に該当する苫米地事件＊12では、「わが憲法の三権分立の制度の下においても、司法権の行使についておのずからある程度の制約は免れないのであつて、あらゆる国家行為が無制限に司法審査の対象となるものと即断すべきでない。直接国家統治の基本に関する高度に政治性のある国家行為のごときはたとえそれが法律上の争訟となり、これに対する有効無効の判断が法律上可能である場合であつても、かかる国家行為は裁判所の審査権の外にあり、その判断は主権者たる国民に対して政治的責任を負うところの政府、国会等の政治部門の判断に委され、最終的には国民の政治判断に委ねられているものと解すべきである。この司法権に対する制約は、結局、三権分立の原理に由来し、当該国家行為の高度の政治性、裁判所の司法機関としての性格、裁判に必然的に随伴する手続上の制約等にかんがみ、特定の明文による規定はないけれども、司法権の憲法上の本質に内在する制約と理解すべきものである」と判示しています。

　　すなわち、ここでの制約は、三権分立原理を前提としたうえで、司法権が、立法権や行政権といったほかの国家権力との関係で受ける制約（自制）と考えることができます。このように、法律上の争訟に該当し、裁判所が司法審査を及ぼすことができるが、そうすべきでないと裁判所が判断する場合を、**外在的制約**と呼んでいます。

　　これに対して、❹に分類される判決では、「裁判所の司法審査の対象」（裁判所の司法審査が及ぶか否か）の話をしながらも、それが「法律上の争訟」該当性についての判断なのか、「法律上の争訟」該当性を前提としたうえで、それに対する有効・無効の判断をすべきか否かについての判断なのかが判然としない部分がありました。**部分社会論**を適用した結果、「訴え却下」の結論が導き出されて

＊11　統治行為については、第13章(p.137)を参照してください。

＊12　最大判昭和35年6月8日民集14巻7号1206頁。苫米地事件については、第13章(p.139)を参照してください。

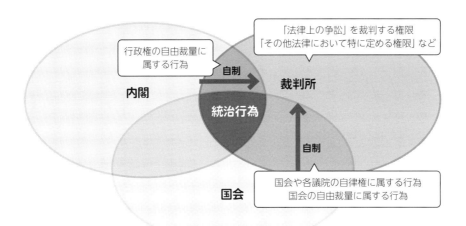

図11-2　外在的制約のイメージ図

いることに着目すると、部分社会論を「法律上の争訟」の要件、つまり司法権の範囲の問題として整理する余地がありますが、他方で、外在的制約ととらえる論者も多くいます。❹に関しては、地方議会、大学、政党など、必ずしも憲法にその設置の根拠や、権限・役割の根拠があるわけではない団体の行為に司法権が及ぶかどうかが議論されており、立法権・行政権・司法権の三権分立では説明できないことも、この問題を難しくしている要因の一つかもしれません。以下では、部分社会論についてあらためて確認したうえで、この法理を適用したほかの事例も見てみましょう。

Q2. 上記❸の類型について、法律上の争訟に該当しても、裁判所の司法審査を及ぼすべきでないと裁判所が判断したのはなぜでしょうか。

3.　部分社会論と諸判決

1　部分社会論とは

　部分社会論とは、一般市民社会のなかにあって、これとは別個に自律的な法規範を有する特殊な部分社会の内部紛争については、それが一般市民法秩序と直接の関係を有しない限り、その自主的・自律的な解決に委ねられ、司法審査の対象にはならないとする法理をいいます。なぜ、司法審査の対象にはならないのでしょうか。この問いに対しては、法律上の争訟に該当しないから（**内在的制約**）という理由と、法律上の争訟には該当するものの司法審査を及ぼすべき

ではないから（**外在的制約**）という理由の2つが考えられます。

　部分社会論が、このいずれの場合なのかについては、見解の一致を見ていませんが、団体ないしは部分社会の内部紛争に司法審査が及ぶかどうかを検討するにあたっては、次の3つの視点が大事です。①特殊な団体（部分社会）の自律的な権能が何に由来するか（憲法なのか、法律なのか、それ以外の規範なのか）、②団体（部分社会）内部の問題を解決するために適用される法規範はなにか（法律なのか、団体内部の規範なのか）、そして、③その自律的な権能の行使の結果、私人の権利関係にどのような変動が生じているか（権利の性質や権利制約の程度）という視点です。①と③の視点は、団体（部分社会）の自律的権能の尊重の程度、すなわち裁判所による司法審査を積極的に及ぼすべきか、それとも抑制すべきかという判断に影響を与えます。②の視点は、終局性の要件の判断に影響を与えます。これらの視点をより明確にするために、別の事例を見てみましょう。

2　岩沼市議会出席停止事件 ──地方議会の自律権と司法審査

　地方議会の自律権が問題となる事例で、最高裁は、山北村議会出席停止事件*13を引用したうえで、地方議会の出席停止処分の適否、議場発言取消命令の適否（愛知県議会議場発言取消命令事件）は司法審査の対象とはならないと判断してきました。

　これに対し、岩沼市議会出席停止事件判決*14は、「〔出席停止は、〕議員の権利行使の一時的制限にすぎない」から、「自律的な法規範をもつ社会ないしは団体」（自治団体）である地方議会における内部規律の問題として、地方議会の自治的措置に委ねるのが適当と判断した山北村議会出席停止事件判決を変更しました。

　岩沼市議会出席停止事件判決では、最高裁は、「出席停止の懲罰を科された議員がその取消しを求める訴えは、法令の規定〔議会の懲罰権について定める地方自治法134条1項、懲罰の種類および手続について定める同法135条〕に基づく処分の取消しを求めるものであって、その性質上、法令の適用によって終局的に解決し得る」として、**終局性の要件**について検討したうえで**法律上の争訟**該当性を肯定しています。さらに、地方議会の自律的権能を尊重すべき理由として、「住民自治の原則」という憲法上の根拠をあげ、「出席停止の懲罰は、議会の自律的な権能に基づいてされたものとして、議会に一定の裁量が認められるべきであるものの、裁判所は、常にその適否を判断することができる」から、「普通地方公共団体の議会の議員に対する出席停止の懲罰の適否は、司法審査の対象となる」と判示しました。さらに、出席停止の懲罰の適否につき、「専ら議会の自主的、自律的な解決に委ねられるべきであるということはできない」との判

*13　最大判昭和35年10月19日民集14巻12号2633頁。

*14　最大判令和2年11月25日判時2476号5頁。

断に際して、「会議及び委員会への出席が停止され、議事に参与して議決に加わるなどの議員としての中核的な活動をすることができず、住民の負託を受けた議員としての責務を十分に果たすことができなくなる」という「出席停止の懲罰の性質や議員活動に対する制約の程度」を考慮しています。

3　共産党袴田事件 ——政党の内部自治と司法審査

　共産党の幹部であった被告は、党所有の建物に居住していましたが、重大な党規約違反を理由に除名処分を受けたことにより、当該建物について、共産党（原告）から、建物明渡請求と賃料相当損害金支払請求を受けました。この判決では、「法律上の争訟」に該当することについて争いのない建物明渡請求および賃料相当損害金支払請求にかかる紛争を解決するための前提問題として、政党内部の除名処分の効力が争われました[15]。

　憲法には政党に関する明文の規定はありませんが、最高裁は、政党の政治結社としての性質（政党の私的結社性）と政党の議会制民主主義における重要性（政党の公共性）を政党の性格としてあげたうえで、政党に対しては、「高度の自主性と自律性を与えて自主的に組織運営をなしうる自由を保障しなければならない」と判断しました[16]。そして、政党の内部的自律権に属する行為は、「法律に特別の定めのない限り尊重すべき」であり、除名その他の処分が、内部的な問題にとどまるかどうかは、「一般市民法秩序と直接の関係」を有するかどうかで判断しています。

[15]　最判昭和63年12月20日集民155号405頁。

[16]　最高裁の政党のとらえ方については、八幡製鉄事件（最大判昭和45年6月24日民集24巻6号625頁）を参照してください。

表11-1　諸判決の比較

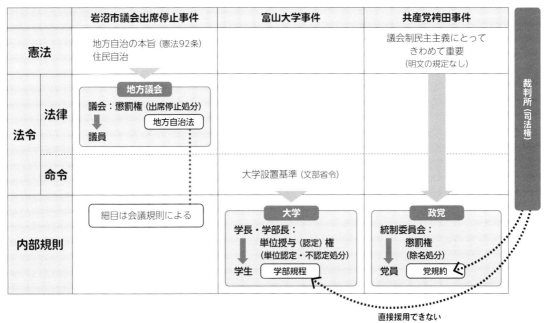

直接援用できない

この事案では、除名処分の効力の有無は、建物明渡請求権と賃料相当損害金支払請求権の存否にかかわるため、除名処分が、「一般市民としての権利利益を侵害する場合」にあたると判断されました。裁判所は、当該除名処分が、党規約に則ってなされたかどうかについて、手続き面に限定して審査を行い、除名処分は有効と判断しました。そのうえで、裁判所は、除名処分を前提とする建物明渡請求と賃料相当損害金支払請求について本案判決をしています。

Q3. 部分社会論とは、どのような法理ですか。

Q4. 岩沼市議会出席停止事件では、出席停止の懲罰の適否について、司法審査の対象となると判断されました。それはなぜですか。

4. 部分社会論が使われる場面について

1 部分社会論の射程

このように比較してみると、富山大学事件や共産党袴田事件においては、「一般市民法秩序」や「部分社会」に言及した最高裁が、岩沼市議会出席停止事件ではこれらに言及しなかった理由が見えてくるのではないでしょうか。大学内部の単位授与（認定）行為も政党内部の懲罰権も、一般市民社会の人々には直接関係がなく、裁判所が裁判規範として援用することのできない学部規程や党規約にその根拠があります。それゆえ、裁判所が司法審査を及ぼすには、「一般市民法秩序と直接の関係」を介在させる必要が生じます。「一般市民法秩序と直接の関係」について、最高裁は明確な定義を与えていませんが、専攻科の修了不決定について争われたもう一つの富山大学事件（専攻科修了不認定事件＊17）における「学生が一般市民として有する右公の施設を利用する権利」も、除名処分の効力の有無がその存否を左右する建物明渡請求権と賃料相当損害金支払請求権（共産党袴田事件）も、法令上の権利や法的地位にかかわるものです。これに

＊17 最判昭和52年3月15日民集31巻2号280頁。

対して、地方議会は、その設置根拠もその内部で行使される権限の根拠も、法令上明らかであり、大学や政党の場合とは異なります。

　そうすると、最高裁は、当初から、ある問題を「自律的な法規範をもつ社会ないしは団体」（山北村議会出席停止事件は、「部分社会」という言葉を用いていません）の自主的・自律的判断に委ねるべきかどうかという問題と、いわゆる部分社会論とを区別していたのではないか、すなわち前者は、「一般市民社会と直接の関係」についてそもそも検討する必要のない事例であったという見方をとることもできそうです。このように考えると、部分社会論は、「法律上の争訟」該当性（特に、終局性の要件）にかかわる法理であり、司法権の外在的制約を論じている岩沼市議会出席停止事件とは、その射程を異にするものと解することができます。

　さらに、地方議会におけるほかの懲罰（戒告、陳謝、除名）の場合はどうかという問題も残ります。懲罰の種類および手続きの法定に着目している点を考慮すると、ほかの懲罰の場合も「法律上の争訟」に該当することになりそうですが、他方、「議員としての中核的な活動」への影響に着目している点を考慮すると、戒告や陳謝の場合には、議員としての活動自体が制約されるわけではないため、裁判所が「議会の自律的な権能を尊重」し、司法審査を控える結果にもなりそうです。岩沼市議会出席停止事件の射程は、「普通地方公共団体の議会の議員に対する出席停止の懲罰に限定される」とか「この判決の射程は必ずしも明確とはいえない」という見解も示されており、今後の判例の蓄積が待たれます。

2　大学と学生との関係についてのとらえ方の変化

　大学の単位認定権に関しては、新型コロナの感染による授業の欠席で単位を取得できず、留年が決まった東京大学の学生が、大学の単位不認定処分の取消しなどを求めた訴訟で、最高裁が、2023（令和5）年9月20日、学生側の上告を退ける決定をした事例が記憶に新しいでしょう。差戻し前の東京地裁判決は、単位認定行為は大学内部における教育上の措置であって、特段の事情のない限り司法審査の対象とはならないとして訴えを却下しました。東京高裁判決は、学生側が「処分行為が存在すると解すべき根拠」や「社会的不利益を受けている旨」を主張するなどしているため、訴えが不適法と「断ずることはできず、さらに弁論をする必要がある」と指摘して、地裁に差し戻しました。

　差戻し後の地裁判決は、国立大学の単位認定はあくまで在学契約関係に基づく行為で「行政処分や公権力の行使には当たらない」と判断し、再び訴えを却下し、高裁もこれを支持しています。富山大学事件の控訴審では、大学と学生との関係について、「大学と学生とが対等の立場にたつて教育契約を締結する

ものと考えることは、教育の本質よりみて失当であつて、到底採用のかぎりでない」と判断しています。最高裁も、専攻科修了不認定事件では、「専攻科修了の認定行為は行政事件訴訟法3条にいう処分にあたる」と判示し、対等な者どうしの契約関係を前提とはしていませんでした。

しかし、消費者契約法（2001年4月1日施行）と国立大学法人法（2003年10月1日施行）が制定されて以降、大学と学生の関係を在学契約関係ととらえる裁判例も多数見られます*18。大学と学生の関係を契約関係としてとらえる場合、大学内部の問題についての司法審査のあり方になにか変化があるでしょうか。部分社会論の意義や問題点についても、みんなで検討してみましょう。

＊18 2003（平成15）年以降に、相次いで地裁判決が出された学納金返還請求訴訟を参照してください。

グループ・ワーク
次のテーマについて、グループをいくつかに分けて議論をしてみましょう

テーマ1 団体内部の自律的判断の尊重と司法審査のバランスについて、議論してみましょう。
- 団体内部の自律的判断が尊重されるのはどのような場合ですか。具体的な事例をあげてみましょう。
- 事柄の性質上裁判所の審査に適しないと判断されるのはなぜですか。具体的な事例をあげてみましょう。
- 団体内部の自律的判断を尊重し、司法による救済の対象から外すことに問題はありませんか。岩沼市議会出席停止事件の宇賀克也補足意見などを参考にしながら検討してみましょう。

テーマ2 富山大学事件判決の射程と今後の判例の展望について、議論してみましょう。
- 部分社会論は、私立大学の単位不認定の場合にも妥当するでしょうか。
- 富山大学事件で、原告は、大学と学生との関係は教育契約関係であると主張していました。仮に契約関係が成立する場合、裁判所の判断は変わるでしょうか。
- 岩沼市議会出席停止事件は、団体内部の自律的な権能を尊重すべき理由として、憲法上の原則に言及しています。大学の内部的行為が問題となっている場合に、大学内部の自律的権能を尊重すべき理由として、なにか憲法上の根拠をあげることができるでしょうか。
- 岩沼市議会出席停止事件は、議会の自律的な権能の行使が、議員の権利や住民自治の原則に与える影響を考慮しています。大学の単位認定権の行使は、誰のどのような権利や利益に、どのような制約を及ぼすと考えられますか。

第12章

表現の自由
ビラ配りはどこまで自由に行えるのか？

　本章では、自衛官宿舎で反戦ビラを配った人が逮捕された事件（立川ビラ配布事件）を素材に、ビラ配布の自由と限界を考えます。ビラ配布も表現行為の一つとして保障されると考えられますが、表現の自由といっても他人の権利を侵害してまで許されるわけではありません。無断で他人の敷地内に足を踏み入れることは住居侵入罪にあたる可能性があり、これはビラを配る行為にも当てはまります。しかし、特定のメッセージに対してのみ、ビラ配布を取り締まると表現の自由の核心を脅かすおそれがあり、慎重に考える必要があります。立川ビラ配布事件はまさにこの点が問題となりました。以下では、この事件を考えるのに必要な法令や論点を確認したうえで、下級審と最高裁の判決を読み、ほかの事例とも比較しながら、この種の問題を考えてみましょう。

❶ 事案と考察

1. 問題の所在 ——前提となる知識

　街を歩いていると、たまにビラやティッシュを配っている人を見かけることがあると思います。また、郵便ポストのなかに広告のチラシが入っていることも多いですよね。これらはどれも情報を伝達するという点で共通しています。たとえば、ビラであれば、「労働者の権利を守ろう」とか「予防接種反対」といったように、メッセージが直接書き込まれていることが多いですし、ティッシュやチラシには営業に関する情報が載っていることが多いですね。

　かつて、こうしたビラは表現を伝える手段として重要な役割を担っていました。特に、テレビやインターネットが登場する前の時代では、ビラは市民にとっても情報を入手する貴重な機会でした。しかし、だからこそ、ビラ配布はしばしば厳しい取り締まりにあってきました。なぜなら、政府にとっては、市民に

余計な情報を流さずに、政府に都合のいい情報だけを広めておいたほうが政治を進めやすいからです。特にビラの内容は政府を批判することが少なくないので、政府にとっては都合の悪い情報が多かったといえます。そのため、政府はしばしばビラ配布を厳しく弾圧してきたという背景があります。

しかし、近代民主主義国家においては、表現の自由が不可欠です。というのも、各人を個人として尊重し、それぞれの人格を形成していくためには表現の自由が必要であり、また市民が自らの意見を政治に反映させるため

立川自衛隊官舎内で配られた反戦ビラ
出典：立川ビラ配布事件第一審判決別紙4より抜粋

には、自分の意見を述べたり他人の意見を聞いたり、さらには議論をしたりすることが不可欠だからです。また、何が正しいことなのかを決めるのは政府ではなく自由な議論を経て決めるべきであり、さらには表現の自由を保障することが社会の安定や変化に寄与するともいえます。

実際、憲法21条は、表現の自由を保障しています。もちろん、ビラ配布もそれに含まれます。しかし、ビラ配布はさまざまな場面で規制されることがあります。たとえば、駅前など公共の場所でビラを配布する場合には、警察署長の許可が必要です。関連して、電信柱などの公共物に無断でビラを貼付したり掲示したりすると、条例や軽犯罪法によって罰せられる可能性があります。また、他人の敷地内に入って勝手にビラを投函することは、場合によっては住居侵入罪にあたる可能性がありますし、空港やショッピングセンターで勝手にビラを配ると営業妨害などにあたる可能性もあります。

これらの規制は表現の自由を制約する側面があるものの、どれも必要な規制といえるでしょう。ただし、こうした規制が特定の表現内容だけを規制するために運用されてしまうと、表現の自由に対して大きなダメージを与えることになってしまいます。

現在ではインターネットの登場によって以前よりもビラ配布が少なくなりましたが、それは逆にビラの存在意義を高める結果にもなっています。というのも、インターネットでは毎日大量の情報があふれているので、世間の注目を集めるにはかなり工夫が必要です。しかもその情報の真偽が不明なことも少なくなく、その情報の持つ重さをリアルに実感することが難しいといえます。一方、ビラを配るには人的コスト（配布する人）や物的コスト（紙やインク代など）がかかるので、そこまでして配布するには相応の重要性があるのではないかという推定が働く可能性があります。また、ビラ配布が少なくなった分、逆に注目さ

れることが増えており、それがテレビやインターネットで取り上げられることで、いっそう注目を集めることもあります。

　このように、情報伝達手段として一定の重要性を持つビラ配りは、表現の自由の一形態として可能な限り認められてしかるべきと思えてきます。けれども、現実には先に見たようにさまざまな規制が存在しています。こうした規制は、表現の自由との関係でどのように考えればよいのでしょうか。

　ここでは、ビラ配布を素材にして、表現の自由の問題を考えてみましょう。

2. 問題

1　立川ビラ配布事件の概要

以下の事件の概要を読んで、何が問題になっているのか考えてみましょう。

　Xらはイラク戦争（2003〜2011年）への自衛隊派遣に反対する運動を行っていた。Xらは自衛官にも反戦のメッセージを伝えるべく、2003（平成15）年から2004（平成16）年にかけて、計5回、自衛隊の紛争地域への派遣に反対する内容を記載したビラを自衛官の宿舎に無断で配布した（各ビラのタイトルは下記の通り）。

**自衛官のみなさん・家族のみなさんへ
イラクへの派兵が，何をもたらすというのか？**

**自衛官のみなさん・家族のみなさんへ
殺すのも・殺されるのもイヤだと言おう**

**イラクへ行くな，自衛隊！
戦争では何も解決しない**

**自衛官・ご家族の皆さんへ
自衛隊のイラク派兵反対！
いっしょに考え，反対の声をあげよう！**

ブッシュも小泉も戦場には行かない

　ビラ配布は、3〜4名で宿舎出入口から敷地内に入って各棟に行き、それぞれの部屋の玄関ドアの新聞受けに1枚ずつビラを投函するという方法で実施された。宿舎の維持管理などの業務に携わっていた管理補助者らは、自衛隊のイラク派遣についての国会審議や閣議決定などで自衛隊の存在が注目されていた当時の情勢を

ふまえて、ビラが投函された事態を重視し、今後のビラ投函を防止する対策として、一切の部外者に立川宿舎への立ち入りを禁ずることにした。そこで、以下のような貼り札を作成し、A3判のものを同宿舎敷地の各出入口にある鉄製フェンスまたは金網フェンスに、A4判のものを5号棟から8号棟の1階の階段出入口の掲示板に貼付した。

宿舎地域内の禁止事項

━　関係者以外、地域内に立ち入ること
━　ビラ貼り・配り等の宣伝活動
━　露天（土地の占有）等による物品販売及び押し売り
━　車両の駐車
━　その他、人に迷惑をかける行為
管理者

　また、立川警察署に被害届を出し、反自衛隊的内容のビラを投入または配布している者を見かけたら、直ちに110番通報するようにという内容の宿舎便りを作成して、5号棟から8号棟の各入居者に配った。

　それにもかかわらず、再度ビラが投函されたことをふまえ、管理補助者らは被害届を警察に提出し、Xらは警察に住居侵入罪で逮捕された。

Q1. AくんとBさんの会話を参考にしながら、本件において住居侵入罪が成立するかどうかを考えてみましょう。

Aくん

関係者以外立入禁止って
表示してあるのなら、
入っちゃダメでしょ？
捕まってもしょうがないよ。

入口にそれが掲示してあっても
気づく人がいるのかな？
それに、住民じゃなくても用事があって
立ち入る人もいる気がするわ。

Bさん

関連法令：刑法130条

　正当な理由がないのに、人の住居若しくは人の看守する邸宅、建造物若しくは艦船に侵入し、又は要求を受けたにもかかわらずこれらの場所から退去しなかった者は、三年以下の懲役又は十万円以下の罰金に処する。

Q2. 本件には表現の自由の問題がかかわっています。CさんとDくんの会話を参考にしながら、どのような問題があるか考えてみましょう。

Cさん

政策について意見を言うことは
表現の自由として強く保護されるべきだし、
政府への批判的な表現を取り締まるのは
表現の自由を侵害することに
なると思うわ。

人の家の
敷地内に入ってまで
表現の自由が許されるなんて
おかしいよ。

Dくん

関連法令：憲法21条1項

　集会、結社及び言論、出版その他一切の表現の自由は、これを保障する。

2　下級審の判断

　　以下は下級審の判断の概要です。それぞれの判断の特徴と問題点について、住居侵入罪の成立の問題と、表現の自由の問題を考えてみましょう。

① **第一審**（東京地八王子支判平成16年12月16日判時1892号150頁）

　被告人らの各立入り行為は住居侵入罪の構成要件に該当するが、その動機は正当なもので、その態様も相当性を逸脱したものとはいえず、結果として生じた居住者および管理者の法益の侵害もきわめて軽微なものにすぎないうえ、「被告人らによるビラの投函自体は、憲法21条1項の保障する政治的表現活動の一態様であり、民主主義社会の根幹を成すものとして，同法22条1項により保障されると解される営業活動の一類型である商業的宣伝ビラの投函に比して、いわゆる優越的地位が認められている。そして、立川宿舎への商業的宣伝ビラの投函に伴う立ち入り行為が何ら刑事責任を問われずに放置されていることに照らすと、被告人らの各立ち入り行為につき、従前長きにわたり同種の行為を不問に付してきた経緯がありながら、防衛庁ないし自衛隊又は警察からFに対する正式な抗議や警告といった事前連絡なしに、いきなり検挙して刑事責任を問うことは，憲法21条1項の趣旨に照らして疑問の余地なしとしない」。

　ポイント

　課題

② **控訴審**（東京高判平成17年12月9日判時1949号169頁）

　「ビラによる政治的意見の表明が言論の自由により保障されるとしても、これを投函するために、管理権者の意思に反して邸宅、建造物等に立ち入ってよいということにはならないのである。……本件各立入り行為について刑法130条を適用してこれを処罰しても憲法21条に違反するということにもならないと解される」。被告人らは、禁止事項の掲示があり、居住者らからのビラ回収の指示およびビラ投函が禁止されていることの抗議などを受けたにもかかわらず、引き続きビラの投函を続行したことや、ビラの投函に不快感を抱く居住者がいたこと、ある時期には月1回のペースでビラが配布されていて管理権者らが対策措置をとっていたことを考慮すると、可罰的違法性を欠くとして違法性が阻却されるとはいえない。

　ポイント

　課題

3　最高裁判所の判断

　以下は最高裁（最判平成20年4月11日刑集62巻5号1217頁）の判断の抜粋です。その内容をまとめ、ポイントと課題を考えてみましょう。

■ ビラ配りと表現の自由

　「確かに、表現の自由は、民主主義社会において特に重要な権利として尊重されなければならず、被告人らによるその政治的意見を記載したビラの配布は、表現の自由の行使ということができる。」

■ 表現の自由の限界

　「しかしながら、憲法21条1項も、表現の自由を絶対無制限に保障したものではなく、公共の福祉のため必要かつ合理的な制限を是認するものであって、たとえ思想を外部に発表するための手段であっても、その手段が他人の権利を不当に害するようなものは許されないというべきである（最高裁昭和59年（あ）第206号同年12月18日第三小法廷判決・刑集38巻12号3026頁参照）。」

■ 本件行為の位置づけ

　「本件では、表現そのものを処罰することの憲法適合性が問われているのではなく、表現の手段すなわちビラの配布のために『人の看守する邸宅』に管理権者の承諾なく立ち入ったことを処罰することの憲法適合性が問われているところ、本件で被告人らが立ち入った場所は、防衛庁の職員及びその家族が私的生活を営む場所である集合住宅の共用部分及びその敷地であり、自衛隊・防衛庁当局がそのような場所として管理していたもので、一般に人が自由に出入りすることのできる場所ではない。」

■ 表現の自由と対抗利益の衝突

　「たとえ表現の自由の行使のためとはいっても、このような場所に管理権者の意思に反して立ち入ることは、管理権者の管理権を侵害するのみならず、そこで私的生活を営む者の私生活の平穏を侵害するものといわざるを得ない。したがって、本件被告人らの行為をもって刑法130条前段の罪に問うことは、憲法21条1項に違反するものではない。このように解することができることは、当裁判所の判例（昭和41年（あ）第536号同43年12月18日大法廷判決・刑集22巻13号1549頁、昭和42年（あ）第1626号同45年6月17日大法廷判決・刑集24巻6号280頁）の趣旨に徴して明らかである。所論は理由がない。」

☞ ポイント	☞ 課　題

ディスカッションをしてみよう
学習した内容をふまえて、以下の点について議論してみましょう

標準 テーマ1　判決は、どのような点に着目し、いかなる部分を重視して判断を下したのでしょうか。

標準 テーマ2　立川ビラ配布事件判決の判断内容と判断結果が適切かどうか話し合ってみましょう。

応用 テーマ3　「他人に迷惑をかけてまで表現の自由を認める必要はない」という意見に対して、どのような反論ができるか考えてみましょう。
　　　💡ヒント：なぜ表現の自由が重要なのかを考えてみよう

応用 テーマ4　「政治的表現の自由は特に強く保護されるべきである」という意見の根拠を考えてみましょう。
　　　💡ヒント：表現の自由は民主主義にとって不可欠だとされる理由をふまえながら考えてみよう

応用 テーマ5　一般に、広告などを集合住宅のポストに投函して逮捕されるという話をあまり聞かないことをふまえると、本件はどのように考えるべきでしょうか。
　　　💡ヒント：本件が特定のメッセージをねらい撃ちにしたものであるかどうかを考えてみよう

類似の事案と比較してみよう
本判決とほかの事案を比べて、その違いを考えてみましょう

1　公務員のビラ配布の事件
堀越事件（最判平成24年12月7日刑集66巻12号1337頁）

Q1. 事案の概要を書いてみましょう。

Q2. 判決の内容をまとめてみましょう。

Q3. 本件との事案の違いと判断の違いを整理してみましょう。

2　駅前のビラ配布事件

吉祥寺ビラ配布事件（最判昭和59年12月18日刑集38巻12号3026頁）

Q1. 事案の概要を書いてみましょう。

Q2. 判決の内容をまとめてみましょう。

Q3. 本件との事案の違いと判断の違いを整理してみましょう。

表現の自由の法理を調べてみよう
表現の自由を保障するための重要な法理を理解しましょう

1　内容規制／内容中立規制

Q1. どのような法理ですか。

Q2. 本件はどちらにあたりますか。

2　パブリックフォーラム

Q1. どのような法理ですか。

Q2. 本件にあてはめるとどうなりますか。

2 解説

　憲法が表現の自由を保障することについては、4つの理由があるといわれています。①**自己実現**、②**自己統治**、③**真理の探求**、④**安全と変化**という4要素です。①は、人は他者との**コミュニケーション**を通じて**人格**を形成・発展させていくので、表現の自由を保護することが重要だというものです。②は、表現活動を通じて政治に参加するという側面を重視するものです。**民主主義**を実現するためには、政治について自分の意見を言ったり他人の意見を聞いたり、さまざまな人と議論をしたりすることが不可欠なため、表現の自由を保護することが求められることになります。つまり、自分たちのことは自分たちで決めるという民主主義には、表現の自由が不可欠ということになります。③は、何が真理なのか、あるいはどのような意見が正しいのかを決めるのは**思想の自由市場**に委ねるほかはないというものです。何が正しいかについて、政府が一方的に意見を押しつけてしまうと、それが間違っていることがあります。また、そもそも何が真理なのか、何が正しいのかを確実に決めることはなかなかできません。そこで、自由な議論を経た結果、勝ち残った意見を正しいものとしようというわけです。④は、社会の不満が溜まっていくとやがて革命のような形で爆発してしまうおそれがあることから、自由に意見をいえるようにしてガス抜きをしておいたほうがよいという安全機能と、自由な意見を保障することで社会の変化に対応していくという変化機能を示しています。

　以上の理由は、表現の自由を保護する必要性を示すと同時に、それがほかの権利や公益よりも重要であるということを示す根拠になるといわれることもあ

ります。世界の歴史を見ると、国が特定の思想に基づく表現を危険視し、それを抑圧してきたという経緯があります。このとき、国はほかの権利や公益を守ることを理由にあげて、政府を批判する表現を制限することがありました。そのため、特に政治に関する表現や政府を批判する表現については安易に制限しないようにする必要があると考えられています。

　こうした観点から本件を考えると、問題となった表現は政治的表現であり、しかも政府を批判する内容になっているので、簡単に制限を認めてはならないカテゴリーの表現だといえます。しかも、警察がそれを取り締まったわけなので、余計に表現の自由に対する抑圧的側面が強くなってきます。

　その反面、よほどのことがなければ、表現の自由は他者の権利を侵害してまで認められるわけではありません。たとえば、勝手に他人の家の庭に立ち入って、シュプレヒコールを上げたりする自由はないわけです。

　もっとも、本件のように敷地内に入ってビラを配る行為は微妙なケースともいえます。たしかに、無断で他人の敷地内に立ち入っているので、その意味では居住権または住居の平穏の侵害にあたります。けれども、ビラがポストに入っていることはありふれた状況でもあり、侵害の程度も軽微であるといえます。ただし、本件では、管理者側がビラ配りを禁止する掲示を出し、ビラ配布を拒否する意思を表示したので、それにもかかわらずビラ配布を続けることは侵害の程度が強くなる可能性があり、最高裁はそうした点をふまえて有罪判決を下した可能性もあります。

　とはいえ、無断で敷地内に立ち入ってビラを配った人が逮捕されることは多くないことや、政府批判のメッセージに着目して逮捕された可能性があることをふまえると、本件では政府（警察）が政府批判的な表現を抑圧するねらいがあったといえるかもしれません。そのため、内容規制的側面があったかどうか、表現の自由を優先させた場合に他者の権利への侵害は強いのかどうか、本件において被告人を有罪とした場合に表現行為が委縮しないかどうかなどを考える必要があるでしょう。

第**13**章

統治行為
裁判所は政治問題についてどこまで判断できるのか？

　本章では、衆議院議員が突然の衆議院の解散について違憲無効を主張し、本来の任期満了までの歳費を請求した事件（苫米地事件）を素材に、裁判所と政治問題の関係について考えます。

　憲法では、裁判所に司法権が認められており、裁判所は、具体的な事件が発生したときに、法的な観点から解決策を示すことができます。しかし、法的に解決できるなら、どのような事件でも裁判所は判断できるのでしょうか。たとえば、国防のような国の平和に直結する問題、外交のような相手国の事情も考慮しなければならない問題、衆議院の解散など国会や内閣の組織構成にかかわる問題については、せっかく国会や内閣で慎重に決めた方針を裁判所が憲法に違反するからダメと一方的に判断してしまえば、国内外で混乱が生じてしまいます。また、日本国憲法は国民主権を基本原理として採用しているのに、これらの重要な政治問題について、国民から選挙などを通じて直接選ばれているわけではない裁判官が判断してもよいのでしょうか。苫米地事件では、内閣不信任決議に基づかない衆議院解散は憲法7条を根拠に認められるのかなどが問題になり、裁判所が判断できるのか注目されました。

　以下では、司法権の内容や限界などについて確認したうえで、苫米地事件の下級審や最高裁の判決を読み、ほかの裁判例とも比較しながら、この問題について考えてみましょう。

① 事案と考察

1. 問題の所在 ——前提となる知識

　日本では、なにかしらのトラブルが起きた場合に、関係者の話し合いで解決できないときは、裁判所に判断を求めることができます。というのも、日本では、権力（三権）分立の原則、すなわち国家権力を立法、行政、司法の3つに分

けたうえで、それぞれを国会、内閣、裁判所という別々の組織が担うとともに、それぞれが間違いを犯さないようにお互いにチェックするという政治システムが採用されているからです。つまり、裁判所が担う司法とは「具体的な争訟について、法を適用し、宣言することによって、これを裁定する」行為であると理解されているため、裁判所にトラブルの「裁定」を求めることができるということです。もっとも、どのようなトラブルであっても裁判所に判断を求めることができるというわけではありません。裁判所法という法律では、裁判所が有する権限として「一切の法律上の争訟を裁判」する行為が明記されていますが、この「法律上の争訟」とは、①事件性の要件と②終局性の要件という2つの要件を満たした事件であると考えられています。①事件性の要件とは、「紛争の当事者間で具体的な権利や義務、法律関係の存否に関する紛争であること」、②終局性の要件とは「法を適用することによって最終的に紛争が解決できること」です*1。したがって、裁判所に判断を求めることができるトラブルはこれら2つの要件を備えたものに限られます。

*1 事件性の要件と終局性の要件については、第11章 (p.119) も参照してください。

　では、実際に、これらの要件を満たすものであれば、どのようなトラブルでも裁判所に判断を求めることができるのでしょうか。たとえば、内閣と国会が重要政策の方針などで対立したために総理大臣が衆議院を解散したとき、任期前にクビになってしまった衆議院議員が解散の是非について裁判所に訴える場合はどうでしょうか。この場合、クビになった衆議院議員は、解散後は給料を受け取ることができなくなってしまうわけですから、①事件性の要件を満たします。また、衆議院議員の給料については憲法49条*2や「国会議員の歳費、旅費及び手当等に関する法律」で規定されていますし、衆議院の解散についても、学説上の争いはありますが、たとえば憲法7条で天皇は「内閣の助言と承認により」衆議院を解散するとあり、内閣に判断権があることが憲法で明記されているので憲法や法律の解釈の問題といえることから、②終局性の要件も満たします。

*2 憲法49条
両議院の議員は、法律の定めるところにより、国庫から相当額の歳費を受ける。

　したがって、クビになった議員は裁判所に訴えることができるようにも思われますが、裁判所がこの問題について判断を下す場合、内閣が衆議院解散を決めた判断が組織運営として適切であったのか、内閣と国会が対立したきっかけである重要政策の方針などが妥当であったのかなどまで検討する必要が生じてきます。しかし、これらの問題は部外者で法律の専門家にすぎない裁判官が評価するには難しいところがあります。また、司法機関である裁判所がこのような政治問題にまで干渉することは、国会、内閣、裁判所が役割分担するという権力（三権）分立の原則にも反するようにも思われます。ただ、この権力（三権）分立の原則には、お互いにチェックすることも含まれているため、むしろ裁判

所が国会と内閣の関係に干渉するほうが望ましいとも考えられます。

裁判所がこのような政治問題についてどこまで判断できるのか、ここでは苫米地事件を素材に考えてみましょう。

2. 問題

1 苫米地事件

以下の事件の概要を読んで、何が問題になっているのか考えてみましょう。

苫米地義三

1949（昭和24）年1月23日の衆議院総選挙で当選して衆議院議員となった原告X（苫米地義三）は、1952（昭和27）年8月28日に第3次吉田茂内閣のもとで行われた「抜き打ち解散」が憲法に違反し無効であるとして、自身の任期満了までの歳費（合計28万5,000円）の支払いを請求する訴えを提起した。

Xは同解散が無効である理由として、①同解散は憲法7条に基づいて行われているが、衆議院の解散は憲法69条に明記されているものに限定されていること、②7条に基づいているにしても内閣の助言と承認を欠いていることをあ

吉田茂

げていた。一方で、被告（国）は、裁判所の判断権が衆議院の解散のような政治性の強い問題については及ばないことを主張していた。

なお、この「抜き打ち解散」は吉田茂が所属政党（自由党）での内部抗争、具体的にはGHQ（連合国軍最高司令官総司令部）の公職追放が解除され政界に復帰した鳩山一郎を支持する鳩山系議員らへの対抗策として行われたもので、解散の正式な閣議決定の前に閣僚数名の署名をもって先に天皇への助言が行われたことから、内閣の助言と承認の有無などが問題になった。

Q1. AくんとBさんの会話を参考にしながら、本件において衆議院の解散が認められるのかどうかを考えてみましょう。

Aくん

たしかに憲法69条は内閣不信任決議案が可決されたときか信任決議案が否決されたときに内閣が衆議院を解散できるとしか読めないけど、憲法7条では、内閣の助言と承認に基づいて天皇が衆議院の解散を行うと書かれているから、実際に内閣が天皇に解散するよう助言しているなら解散できると思うよ。

憲法7条で衆議院の解散を認めようとしても、本件では内閣全体で決定する前に天皇に助言を行っているから難しいんじゃない？

Bさん

💡**関連法令**：憲法69条

内閣は、衆議院で不信任の決議案を可決し、又は信任の決議案を否決したときは、十日以内に衆議院が解散されない限り、総辞職をしなければならない。

💡**関連法令**：憲法7条

天皇は、内閣の助言と承認により、国民のために、左の国事に関する行為を行ふ。

一　憲法改正、法律、政令及び条約を公布すること。

二　国会を召集すること。

三　衆議院を解散すること。

四　国会議員の総選挙の施行を公示すること。

五　国務大臣及び法律の定めるその他の官吏の任免並びに全権委任状及び大使及び公使の信任状を認証すること。

六　大赦、特赦、減刑、刑の執行の免除及び復権を認証すること。

七　栄典を授与すること。

八　批准書及び法律の定めるその他の外交文書を認証すること。

九　外国の大使及び公使を接受すること。

十　儀式を行ふこと。

Q2. 本件では、立法府である国会と行政府である内閣の関係や政党内での派閥争いについて、裁判所が判断しようとしています。CさんとDくんの会話を参考にしながら、どのような問題があるか考えてみましょう。

Cさん

立法府と行政府の関係に司法府の裁判所が介入するのは権力（三権）分立の観点からは望ましくないし、そもそも政党内の派閥争いについて部外者の裁判所は適切に判断できないんじゃないかしら？

権力（三権）分立とか政党内の問題だからといって、裁判所が判断しないのは、法的なトラブルについて解決する司法府の役割を放棄していることになるんじゃないかな。

Dくん

💡**関連法令**：憲法76条1項

すべて司法権は、最高裁判所及び法律の定めるところにより設置する下級裁判所に属する。

2　下級審の判断

　以下は下級審の判断の概要です。それぞれの判断の特徴と問題点について、衆議院の解散の可否の問題と裁判所の判断の可否の問題を考えてみましょう。

① 第一審（東京地判昭和28年10月19日行集4巻10号2540頁）

　衆議院の解散が無効と判断されることで混乱が生じるとしても、ほかの憲法判断でも少なからず混乱は生じるものであるから、別に扱う理由にはならない。解散が無効になってもその後の選挙の有効性は選挙訴訟で判断されることになるから選挙後の議員の地位に変化はない。選挙前の議員も召集されなくなるだけであるから大した問題にはならない。解散が政策的に適切であったのかという問題と解散の方式が憲法に適合していたかという問題は別である。ゆえに、法律的な判断が可能である以上は、司法の審査を排除すべき合理的理由はない。

　衆議院の解散について、憲法69条は所定の決議があった場合に解散するか総辞職するかを定めているにすぎず、69条の場合に限り解散できると定めているものではない。解散は変化する状況を政治的に判断してなされるべきもので、解散すべきか否かの判断は政治的な裁量に委ねられていると解すべきであり、その解散が妥当であつたか否かはもとより裁判所の判断の対象ではない。ゆえに、内閣は自己の判断に基づき天皇に解散を助言し、天皇の行為が助言の趣旨に合致することを確かめ承認して解散が行われることになる。もっとも、本件では一部の閣僚の賛成のみで助言がなされており、適法な閣議決定のもとでなされたわけではないから、手続的には憲法7条に違反した解散になる。

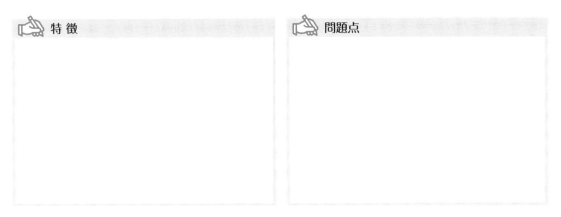

特徴

問題点

② 第二審（東京高判昭和29年9月22日行集5巻9号2181頁）

　憲法が、三権分立の原則を採用し、立法権は国会に、行政権は内閣に、司法権は裁判所に属するものとし、相互にその権限を尊重しあうことに定めたことは明らかである。しかし一方で、裁判所が一切の法律、命令、規則または処分が憲法に適合するかしないかを決定する権限を有するとして、裁判所が法的効果を保障する機能が確立している。本件の衆議院解散の効力については、当事者の権利に直接影響するものである以上、当然裁判所は審査する権限を有するものと解すべきであり、無効の判断の結果生ずる影響が大きいことのみによって、裁判所が判断できないとする法律上の根拠は乏しい。

　本件の衆議院の解散については、解散する旨の書類を完備したのは天皇への

助言後ではあるが、助言前の閣議ですでに解散の結論に到達しており、助言後の閣議ではそのことを確認、書類の形式を整備したにすぎないことから、天皇に対して助言する閣議決定は助言前になされていたといえるため、解散は有効である。

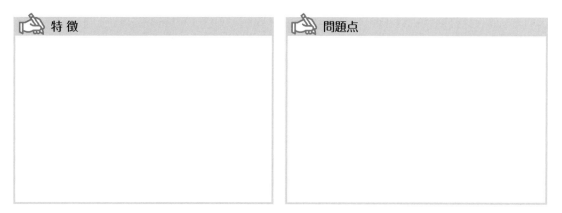

3　最高裁判所の判断

　以下は最高裁（最大判昭和35年6月8日民集14巻7号1206頁）の判断の抜粋です。その内容をまとめ、ポイントと課題を考えてみましょう。

■ 高度に政治性のある行為に対する審査

　「直接国家統治の基本に関する高度に政治性のある国家行為のごときはたとえそれが法律上の争訟となり、これに対する有効無効の判断が法律上可能である場合であつても、かかる国家行為は裁判所の審査権の外にあり、その判断は主権者たる国民に対して政治的責任を負うところの政府、国会等の政治部門の判断に委され、最終的には国民の政治判断に委ねられているものと解すべきである。」

■ 審査外の論拠

　「この司法権に対する制約は、結局、三権分立の原理に由来し、当該国家行為の高度の政治性、裁判所の司法機関としての性格、裁判に必然的に随伴する手続上の制約等にかんがみ、特定の明文による規定はないけれども、司法権の憲法上の本質に内在する制約と理解すべきものである。」

■ 衆議院の解散＝高度に政治的な問題

　衆議院の解散は衆議院の機能を一時的に停止し、また新たな衆議院や内閣を成立させるもので国法上の意義は重大である。「解散は、多くは内閣がその重要な政策、ひいては自己の存続に関して国民の総意を問わんとする場合に行われるものであつてその政治上の意義もまた極めて重大である」。したがって、「衆議院の解散は、極めて政治性の高い国家統治の基本に関する行為であつて、かくのごとき行為について、その法律上の有効無効を審査することは司法裁判所の権限の外にありと解すべき」である。

■ 本件の解散について

「本件解散は右憲法7条に依拠し、かつ、内閣の助言と承認により適法に行われたものであるとするにあることはあきらかであつて、裁判所としては、この政府の見解を否定して、本件解散を憲法上無効なものとすることはできない。」

👉 ポイント

👉 課題

ディスカッションをしてみよう
学習した内容をふまえて、以下の点について議論してみましょう

`標準` テーマ 1 ▶ 判決は、どのような点に着目し、いかなる部分を重視して判断を下したのでしょうか。

`標準` テーマ 2 ▶ 苫米地事件判決の判断内容と判断結果が適切かどうかについて話してみましょう。

`応用` テーマ 3 ▶ 「権力（三権）分立の観点から、高度に政治性のある国家行為については裁判所が審査できない」という意見に対して、どのような反論ができるか考えてみましょう。

　💡 ヒント：裁判所法の内容や権力（三権）分立の原則の意味を考えてみよう

`応用` テーマ 4 ▶ 「高度に政治性のある国家行為については裁判所が審査できない」という意見について、権力（三権）分立以外の根拠があり得るのか考えてみましょう。

　💡 ヒント：裁判所が組織運営や政策に関する評価を行えるのかを考えてみよう

`応用` テーマ 5 ▶ 一般に、内閣（特に内閣総理大臣）が衆議院を解散するタイミングを自由に判断していることをふまえると、本件はどのように考えるべきでしょうか。

　💡 ヒント：もし裁判所が衆議院の解散を審査できるのなら、内閣はどのような対応をとるのかを考えてみよう

類似の事案と比較してみよう
本判決とほかの事案を比べて、その違いを考えてみましょう

1　日米安保条約について高度の政治性を理由に判断を回避した事件

砂川事件（最大判昭和34年12月16日刑集13巻13号3225頁）

Q1. 事案の概要を書いてみましょう。

Q2. 判決の内容をまとめてみましょう。

Q3. 本件との事案の違いと判断の違いを整理してみましょう。

2　議院の自主性を理由に判断を回避した事件

警察法改正無効事件（最大判昭和37年3月7日民集16巻3号445頁）

Q1. 事案の概要を書いてみましょう。

Q2. 判決の内容をまとめてみましょう。

Q3. 本件との事案の違いと判断の違いを整理してみましょう。

3　議院の裁量を理由に判断を回避した事件

参議院議員定数不均衡事件（最大判昭和39年2月5日民集18巻2号270頁）

Q1. 事案の概要を書いてみましょう。

Q2. 判決の内容をまとめてみましょう。

Q3. 本件との事案の違いと判断の違いを整理してみましょう。

統治行為論を調べてみよう
憲法の基本書などを調べて、以下の問題を考えてみましょう

1　統治行為論

Q1. どのような法理ですか。

Q2. 本件はどのような行為が「統治行為」として扱われましたか。

2　権力（三権）分立の原則

Q1. どのような法理ですか。

Q2. 本件での判断回避を権力分立の観点から理由づけるとどうなりますか。

解説

＊3　最大判昭和34年
12月16日刑集13巻13
号3225頁。

「直接国家統治の基本に関する高度に政治性のある国家行為」（砂川事件判決）＊3である「統治行為」については、たとえ事件性・終局性の要件を満たし、「法律上の争訟」として裁判が可能であるとしても、裁判所の審査対象から外されるべきという考え方のことを、**統治行為論**といいます。

　統治行為について裁判所が判断できない理由としては、①統治行為のような法律面だけでなく政治面や外交面などでも重大な問題については、裁判所が判断を下せば混乱が生じるため、審査を自制すべきという考え（**自制説**）、②裁判所の司法権にも限界があり、統治行為のような重要な政治問題については、権力（三権）分立の原則や国民主権・民主主義に基づき、裁判所ではなく、国民の政治的判断に従うことになるという考え（**内在的制約説**）、③高度に政治的であるからだけではなく、裁判の結果生じる事態や判決の実現可能性など、個々のケースに応じた事情も含めて、統治行為に関して審査できない場合があり得るという考え（**機能説**）が、これまで主張されています。本件の最高裁判決では、②の説が採用されているように思われます。

　なお、どのような問題が「統治行為」になるのかについては、ⓐ内閣および国会の組織に関する基本的事項、ⓑそれらの運営に関する基本的事項、ⓒそれらの相互交渉に関する事項、ⓓ国家全体の運命に関する重要事項が一般的にあげられています。これらの類別に基づけば、本件の「衆議院の解散」も「統治行為」であるといえます。

　もっとも、この「統治行為論」については、日本国憲法が施行されて間もな

い時期で、裁判所の権能や判断方法が未成熟であったときに用いられた判断方法であり、裁判所の権能などがある程度明確になった現在においては、憲法上に明記がなく、定義づけるのも困難な「統治行為」を理由に、裁判所が審査を回避するのは望ましくないのではないかという考えが強く主張されてきています。内閣や国会の組織運営に関してはそれぞれの自律性や裁量を理由に裁判できないと判断することができますし、判決により社会が混乱するのであれば、**違憲状態の判決**（立法者が是正するのに必要な合理的期間を超えるまで違憲判決を下さない）や**事情判決の法理**（違憲と判断するが公共の利益の観点から無効にはしない）を用いることもできます。裁判所が通常判断している事項、特に憲法問題についてはそもそも高度に政治的といえますから、「法律上の争訟」であれば憲法上の規定に基づき裁判所が審査すべきですし、権力（三権）分立の原則に従えば、むしろ国会や内閣の活動に積極的に関与して歯止めをかける必要があるともいえるでしょう。

　実際、これまでに統治行為論が用いられた最高裁判決は、本件と**砂川事件判決**しかありません。国会や内閣の組織運営に関する問題については、苫米地事件判決と時期的に近い**警察法改正無効事件判決**[*4]や**参議院議員定数不均衡事件判決**[*5]ですら、統治行為論ではなく議院の自主性や裁量を根拠に裁判所の審査外と判断されています。また、砂川事件判決も、「一見極めて明白に違憲無効」と認められる場合には裁判所が審査可能であるとして、これに該当するかの検討で同事件を審査しているので、完全な「統治行為論」の判決とはいえません。

　したがって、裁判所でさまざまな判断方法が確立している今日において、「統治行為論」を用いることが必要なケースはきわめて限られることになるのではないでしょうか。具体的には、裁判所がなんらかの判断を示してしまうこと自体が裁判所ひいては国の存立そのものを否定することにつながり得る場合、たとえば外国から攻撃を受けて、政府が現在進行形で防戦しているときに、裁判所がその防衛行為を憲法違反であると判断するケースが考えられます。そのような状況下で裁判所がなんらかの判断を下せば、その判断が違憲状態の判決や事情判決の法理を用いたものであったとしても、国内で分断を招き混乱させ、最悪の場合、日本が亡びることにもなり得ます。したがって、このような場合には、裁判所は判断を控えるべきですし、国民主権などに基づき判断が制限されることになるでしょう。

[*4]　最大判昭和37年3月7日民集16巻3号445頁。

[*5]　最大判昭和39年2月5日民集18巻2号270頁。

第**14**章

選挙権
選挙権はどのような権利だろうか？

　本章では、海外に住む国民（以下、「在外国民」という）の選挙権行使が制限された事件を題材に、選挙権の重要性について考えます。日本国憲法では、選挙を通じて国民の代表者を選ぶ選挙権が保障されていますが、選挙権という重要な権利の制限はどこまで認められるのでしょうか。

　憲法は選挙権を保障しているので（15条）、一般に、成人の日本国民であれば、誰でも選挙で投票することができます。しかし同時に、憲法は、「投票の方法」など選挙については「法律でこれを定める」と規定しているので（47条）、選挙に関する具体的な事柄は公職選挙法で決められています。よって、憲法で選挙権が保障されていても、公職選挙法の規定によって、選挙権を実際に行使することができなくなる場合があります。

　たとえば、投票の方法について、公職選挙法は期日（選挙の投票日）に投票所で投票することを原則としています。郵便で投票できる制度（郵便投票制度）も設けられていますが、この制度の対象になっていない者は、結局、投票所に行かなければ投票できないのです。このように公職選挙法の規定によって、選挙権行使が制限されてしまう事例がいくつかあり、在外国民の選挙権行使の制限はその典型例となります。

　現在の公職選挙法では「在外選挙人名簿」に登録がある在外国民も投票できますが（在外選挙制度）、かつての公職選挙法にはこうした制度がなかったので、海外赴任などを終えて帰国するまで、選挙で投票することができませんでした。たしかに、在外選挙制度を設けるか否かも含め、選挙制度については国会に委ねられています。しかし、選挙権が重要な権利であることを考えれば、在外国民にも憲法は投票の機会を保障しているはずです。在外国民選挙権事件ではまさにこの点が問題となりました。

　以下では、この事件を考えるのに必要な法令や論点を確認したうえで、下級審と最高裁の判決を読み、ほかの事例と比較しながら、この種の問題を考えてみましょう。

1 事案と考察

1. 問題の所在 ——前提となる知識

　私たち国民が**主権者**である（国民主権）ということはよく知られていますが（憲法前文・1条）、国民が主権者として国の政治に参加する権利を**参政権**といいます。参政権には、選挙権に加えて、憲法改正の国民投票権（憲法96条）、地方特別法の住民投票権（憲法95条）、最高裁裁判官の国民審査権（憲法79条2項）などが含まれるとされていますが*[1]、その中心は選挙権になります。なぜなら、国民のなかから代表者を選び、その代表者を通じて政治に参加する間接民主制（代表民主制）では、国民の代表者をどのように選ぶかが重要になるからです。言い換えれば、間接民主制のもとで選挙権が制限されてしまうと、主権者として政治に参加する主要な途が閉ざされてしまうので、その制限がどこまで許されるのかが問題となるのです。

　この点、日本国憲法も間接民主制を採用しており、「全国民を代表する」（憲法43条）国会議員を選ぶ選挙権を保障しています（憲法15条1項）。そのため、憲法は成人による「普通選挙」を保障しており（15条3項）、18歳以上の日本国民であれば、原則として選挙で投票することができます。

　もっとも、投票の方法などを定める選挙制度がなければ、選挙権は行使することができません。憲法は、「両議院の議員の選挙に関する事項」は「法律」に委ねると定めており（47条）、これを受けて**公職選挙法**が制定されています。よって、在外国民が投票することができるか否かは公職選挙法の規定によります。現在の公職選挙法では「在外選挙人名簿」に登録された在外国民も投票することができますが（**在外選挙制度**）、かつての公職選挙法ではこうした制度がなく、在外国民は長期滞在を終えて日本に帰国するまで、選挙で投票することができませんでした。

　たしかに、在外選挙を実施するとなると技術的困難を伴う可能性があり、国会があえて在外選挙制度を設けなかったとも考えられます。なにより、在外国民も日本に帰国すれば選挙で投票することができるので、日本国内での選挙権自体は保障されていたわけです。

　しかし、選挙権が主権者である国民にとって重要な権利だとすると、選挙権の保障だけでなく、その行使、つまり、投票の機会も実質的に保障する必要があるはずです。そうでなければ、選挙権は「絵にかいた餅」になってしまいます。少なくとも、国会は、①**普通選挙**、②**平等選挙**、③**秘密選挙**、④**自由選挙**、⑤**直接選挙**を内容とする近代選挙の原則にしたがって選挙制度をつくる必要が

*[1]　公務員になることができる資格である公務就任権も参政権に含まれるという学説もあります。

あるといわれており、投票の機会が十分保障されていない選挙制度は、普通選挙や平等選挙の原則からすると問題だと考えられます。

　とはいえ、在外国民の選挙権行使の制限に限らず、公職選挙法の規定によって、選挙権の行使が難しくなったり、制限されたりする場合や、選挙権自体が制限される場合はほかにもあります。そもそも、憲法は、両議院の議員の「選挙に関する事項」（47条）に加えて「議員の定数」（43条）や「議員及びその選挙人の資格」（44条）も法律に委ねており、こうした憲法の規定を受けて、国会が公職選挙法の規定を定めているわけです（**立法裁量**）。議員の資格などに関する憲法44条では、「但し、人種、信条、性別、社会的身分、門地、教育、財産又は収入によつて差別してはならない」とされ、立法裁量の限界が明示されています。しかし、こうした限界が憲法に明記されていない場合、公職選挙法が選挙権という重要な権利を制限することは、どこまで認められるのでしょうか。

　ここでは、選挙権行使の制限の典型例である在外国民選挙権事件を素材に考えてみましょう。

2. 問題

1　在外国民選挙権事件

　以下の事件の概要を読んで、何が問題になっているのか考えてみましょう。

　1998（平成10）年の公職選挙法の一部改正（以下、「本件改正」という）前の公職選挙法では、「選挙人名簿に登録されていない者」および「登録をされることができない者」は投票をすることができないと定められていた（本件改正前公職選挙法42条1項・2項）。しかし、選挙人名簿の登録には、「引き続き3箇月以上当該市町村の住民基本台帳に記録されている」必要があった（同法21条1項）。そのため、日本国内に住んでおらず、住民基本台帳に記録されていない在外国民は、選挙人名簿の登録がなく、衆参両議院の選挙において投票することができなかった。

　その後、本件改正によって、「在外選挙人名簿」に登録された者も投票することができるようになったが、在外選挙制度の対象となる選挙は、当分のあいだは、衆議院比例代表選出議員の選挙および参議院比例代表選出議員の選挙に限ることとされたので、そのあいだは、衆議院小選挙区選出議員の選挙および参議院選挙区選出議員の選挙では投票することはできなかった（本件改正後公職選挙法附則8項）。

　そこで、在外国民であるXらは、在外国民であることを理由として選挙権の行使の機会を保障しないことが憲法14条、15条1項・3項、22条2項、43条、44条などに違反し、違法であることの確認と国会が公職選挙法の改正を怠ったことに対する国家賠償を求めて訴えを提起した。

Q1. AくんとBさんの会話を参考にしながら、本件において在外国民の選挙権やその行使が制限されているのか考えてみましょう。

在外国民も日本に帰国すれば、
投票できるんでしょ？
それなら、選挙権は
保障されているんじゃないかな。

Aくん

仕事や留学で
ずっと帰国できないとなると、
そのあいだに行われる選挙は
すべて投票ができないよ。
選挙権が重要な権利だとすると、
国外でも投票できる方法を
準備する必要があると思う。

Bさん

関連法令：憲法15条

　1項　公務員を選定し、及びこれを罷免することは、国民固有の権利である。

　3項　公務員の選挙については、成年者による普通選挙を保障する。

Q2. 本件では、選挙権の重要性が問題となりました。CさんとDくんの会話を参考にしながら、選挙権の重要性について考えてみましょう。

私たち国民は
自分たちの代表者である国会議員を
選ぶことで政治に参加しているんだよね。

Cさん

投票できないってことは、
事実上、政治に
参加できないってこと!?
そりゃ大変だ。

Dくん

関連法令：憲法　前文

　日本国民は、正当に選挙された国会における代表者を通じて行動し、われらとわれらの子孫のために、諸国民との協和による成果と、わが国全土にわたつて自由のもたらす恵沢を確保し、政府の行為によつて再び戦争の惨禍が起ることのないやうにすることを決意し、ここに主権が国民に存することを宣言し、この憲法を確定する。そもそも国政は、国民の厳粛な信託によるものであつて、その権威は国民に由来し、その権力は国民の代表者がこれを行使し、その福利は国民がこれを享受する。

2　下級審の判断

　以下は下級審の判断の概要です。それぞれの判断の特徴と問題点について、選挙権の保障について考えてみましょう。

① 第一審（東京地判平成11年10月28日判時1705号50頁）

　国会議員がXらの選挙権の行使を可能にするような公職選挙法の規定の改正を行わなかったことが、憲法などの一義的な文言に違反するものでないことは明らかであるから、右の立法の不作為をもって、国家賠償法1条1項の適用上、違法と評価すべき例外的な場合にあたると認めることはできない。よって、国家賠償請求を棄却する。

　また、各違法確認請求にかかる訴えは、法律上の争訟（裁判所法3条1項）にあたらず、仮に法律上の争訟にあたると解しても、必要な要件を具備していないので、右各訴えを不適法として却下する。

👉 特 徴

👉 問題点

② 控訴審（東京高判平成12年11月8日判タ1088号133頁）

　違法確認の訴えを不適法としていずれも却下し、控訴人らの国家賠償請求を棄却した原判決は相当であり、本件控訴は理由がないから、これを棄却する。

👉 特 徴

👉 問題点

3　最高裁判所の判断

　以下は最高裁（最大判平成17年9月14日民集59巻7号2087頁）の判断の抜粋です。その内容をまとめ、ポイントと課題を考えてみましょう。

■ 選挙権の重要性

「国民の代表者である議員を選挙によって選定する国民の権利は、国民の国政への参加の機会を保障する基本的権利として、議会制民主主義の根幹を成すものであり、民主国家においては、一定の年齢に達した国民のすべてに平等に与えられるべきものである。」

■ 選挙権に関する憲法上の規定

「憲法は、前文及び1条において、主権が国民に存することを宣言し、国民は正当に選挙された国会における代表者を通じて行動すると定めるとともに、43条1項において、国会の両議院は全国民を代表する選挙された議員でこれを組織すると定め、15条1項において、公務員を選定し、及びこれを罷免することは、国民固有の権利であると定めて、国民に対し、主権者として、両議院の議員の選挙において投票をすることによって国の政治に参加することができる権利を保障している。そして、憲法は、同条3項において、公務員の選挙については、成年者による普通選挙を保障すると定め、さらに、44条ただし書において、両議院の議員の選挙人の資格については、人種、信条、性別、社会的身分、門地、教育、財産又は収入によって差別してはならないと定めている。以上によれば、憲法は、国民主権の原理に基づき、両議院の議員の選挙において投票をすることによって国の政治に参加することができる権利を国民に対して固有の権利として保障しており、その趣旨を確たるものとするため、国民に対して投票をする機会を平等に保障しているものと解するのが相当である。」

■ 選挙権またはその行使の制限の憲法適合性

「憲法の以上の趣旨にかんがみれば、自ら選挙の公正を害する行為をした者等の選挙権について一定の制限をすることは別として、国民の選挙権又はその行使を制限することは原則として許されず、国民の選挙権又はその行使を制限するためには、そのような制限をすることがやむを得ないと認められる事由がなければならないというべきである。そして、そのような制限をすることなしには選挙の公正を確保しつつ選挙権の行使を認めることが事実上不能ないし著しく困難であると認められる場合でない限り、上記のやむを得ない事由があるとはいえず、このような事由なしに国民の選挙権の行使を制限することは、憲法15条1項及び3項、43条1項並びに44条ただし書に違反するといわざるを得ない。」

■ 本件改正前の公職選挙法

「〔公職選挙法の一部を改正する〕法律案が廃案となった後、国会が、10年以上の長きにわたって在外選挙制度を何ら創設しないまま放置し、本件選挙において在外国民が投票をすることを認めなかったことについては、やむを得ない事由があったとは到底いうことができない。そうすると、本件改正前の公職選挙法が、本件選挙当時、在外国民であった上告人らの投票を全く認めていなかったことは、憲法15条1項及び3項、43条1項並びに44条ただし書に違反するものであったというべきである。」

■ 本件改正後の公職選挙法

「通信手段が地球規模で目覚ましい発達を遂げていることなどによれば、在外国民に候補者個人に関する情報を適正に伝達することが著しく困難であるとはいえなくなったものというべきである。また、……参議院比例代表選出議員の選挙の投票については、公職選挙法86条の3第1項の参議院名簿登載者の氏名を自書することが原則とされ、既に平成13年及び同16年に、在外国民についてもこの制度に基づく選挙権の行使がされていることなども併せて考えると、遅くとも、本判決言渡し後に初めて行われる衆議院議員の総選挙又は参議院議員の通常選挙の時点においては、衆議院小選挙区選出議員の選挙及び参議院選挙区選出議員の選挙について在外国民に投票をすることを認めないことについて、やむを得ない事由があるということはできず、公職選挙法附則8項の規定のうち、在外選挙制度の対象となる選挙を当分の間両議院の比例代表選出議員の選挙に限定する部分は、憲法15条1項及び3項、43条1項並びに44条ただし書に違反するものといわざるを得ない。」

■ 国家賠償法上違法と評価される「例外的な場合」

「立法の内容又は立法不作為が国民に憲法上保障されている権利を違法に侵害するものであることが明白な場合や、国民に憲法上保障されている権利行使の機会を確保するために所要の立法措置を執ることが必要不可欠であり、それが明白であるにもかかわらず、国会が正当な理由なく長期にわたってこれを怠る場合などには、例外的に、国会議員の立法行為又は立法不作為は、国家賠償法1条1項の規定の適用上、違法の評価を受けるものというべきである。」

■「例外的な場合」の該当性

「10年以上の長きにわたって何らの立法措置も執られなかったのであるから、このような著しい不作為は上記の例外的な場合に当たり、このような場合においては、過失の存在を否定することはできない。このような立法不作為の結果、上告人らは本件選挙において投票をすることができず、これによる精神的苦痛を被ったものというべきである。したがって、本件においては、上記の違法な立法不作為を理由とする国家賠償請求はこれを認容すべきである。」

ポイント

課題

ディスカッションをしてみよう
学習した内容をふまえて、以下の点について議論してみましょう

標準 テーマ1 判決は、どのような点に着目し、いかなる部分を重視して判断を下したのでしょうか。

標準 テーマ2 判決の判断内容と判断結果が適切かどうかについて話し合ってみましょう。

応用 テーマ3 「在外選挙制度を設けるか否かを含めて、選挙については国会が決めることである」という意見に対して、どのような反論ができるか考えてみましょう。
　　💡**ヒント**：なぜ選挙権が重要なのかを考えてみよう

応用 テーマ4 「選挙権は国民に国政へ参加する機会を保障する基本的権利である」という意見の根拠を考えてみましょう。
　　💡**ヒント**：選挙権と国民主権や民主主義の関係について考えてみよう

応用 テーマ5 選挙権やその行使の制限が許される「やむを得ない事由」とはどのようなものでしょうか。
　　💡**ヒント**：判決の判断枠組みについて、違憲審査基準の考え方をふまえながら考えてみよう

類似の事案と比較してみよう
本判決とほかの事案を比べて、その違いを考えてみましょう

1　成年被後見人の選挙権が制限された事件

成年被後見人選挙権事件（東京地判平成25年3月14日判時2178号3頁）

Q1. 事案の概要を書いてみましょう。

Q2. 判決の内容をまとめてみましょう。

Q3. 本件との事案の違いと判断の違いを整理してみましょう。

2　精神的原因によって選挙権の行使が難しかった事件

精神的原因による投票困難者事件（最判平成18年7月13日判時1946号41頁）

Q1. 事案の概要を書いてみましょう。

Q2. 判決の内容をまとめてみましょう。

Q3. 本件との事案の違いと判断の違いを整理してみましょう。

近代選挙の原則について調べてみよう
憲法の基本書などを調べて、選挙の諸原則の特徴を理解しましょう

普通選挙／平等選挙／秘密選挙／自由選挙／直接選挙

Q1. それぞれどのような原則ですか。

Q2. 普通選挙と平等選挙の違いは何ですか。

Q3. 本件はどの原則に関係しますか（その理由も）。

2 解説

1. 本判決の判断枠組み

　選挙権は、**国民主権**や**民主主義**と関係があるので重要だといわれます[*2]。憲法では、「日本国民は、正当に選挙された国会における代表者を通じて行動」するものであり、「国政は、国民の厳粛な信託によるものであつて、その権威は国民に由来し、その権力は国民の代表者がこれを行使し、その福利は国民がこれを享受する」と定められており（憲法前文）、主権者である国民が自分たちのなかから代表者を選び、その代表者を通じて、政治に参加するという間接民主制（代表民主制）が採用されています。そのため、選挙権が保障されないと、国民は代表者である国会議員を選挙で選ぶことができず、事実上、国政に参加することができなくなってしまうので、選挙権は国民主権や民主主義にとって必要不可欠の権利なのです。

　こうした観点から、本判決も、選挙権を「国民の国政への参加の機会を保障する基本的権利」であり、「議会制民主主義の根幹を成すもの」であると判示しています。選挙権の重要性を前提とするならば、選挙権やその行使の制限は原則として許されないはずです。そこで、本判決では、選挙権やその行使を制限するためには、「やむを得ないと認められる事由」が必要であるという判断枠組みを示しました。そして、その「やむを得ない事由」があるといえるのは、「そのような制限をすることなしには選挙の公正を確保しつつ選挙権の行使を認めることが事実上不能ないし著しく困難であると認められる場合」というきわめて例外的な場合になります。通常は、選挙権やその行使の制限に「やむを得な

＊2　国民主権と民主主義の違い
　国民主権は「国の政治のあり方を最終的に決定する権力を国民自身が行使する」ということ（権力的契機）と「国家の権力行使を正当づける究極的な権威は国民に存する」ということ（正当性の契機）を意味するとされています〔芦部信喜［高橋和之補訂］『憲法』［岩波書店、第8版、2023年］41頁〕。これに対して、民主主義は（多義的な概念であるものの）、一般的には政治共同体の構成員が自らの決定により、その共同体を統治する原理であるといえます。よって、国民主権と民主主義は深く結びつく原理であると考えられていますが、厳密には両者は異なります。

い事由」があるとはいえず、そうした制限が違憲の結論を免れるのは難しいので、本判決で示された判断枠組みは**厳格な審査**であると考えられます。それゆえ、本判決の射程が問題となります。本判決の判断枠組みは、①選挙権の制限、②選挙権行使の制限の両方に妥当するので、両者に関連する判例・裁判例の関係を個別に検討する必要があります。

2.　選挙権の事案との比較

＊3　大阪高判平成25年9月27日判時2234号29頁。

＊4　広島高判平成29年12月20日LEX/DB25449213。

＊5　東京地判令和5年7月20日LEX/DB25595549。

＊6　東京地判平成25年3月14日判時2178号3頁。

＊7　最判平成18年7月13日判時1946号41頁。

＊8　最判昭和60年11月21日民集39巻7号1512頁。

＊9　ただし、在宅投票制度の対象は「疾病、負傷、妊娠若しくは身体の障害のため又は産褥にあるため歩行が著しく困難である選挙人」であったので、当時の在宅投票制度でも、精神的な原因による投票困難者はその対象外でした。

＊10　「特定患者等の郵便等を用いて行う投票方法の特例に関する法律」によって、新型コロナウィルス感染症で宿泊・自宅療養などをしている者も「特例郵便等投票」ができましたが、2023（令和5）年5月8日以降、新型コロナウィルス感染症の位置づけが感染症法上の5類に変更されたことで、この制度は利用できなくなりました。

　まず、①については、通常犯罪による禁錮以上の受刑者の選挙権制限に関する裁判例と、成年被後見人の選挙権制限に関する裁判例があります。本判決でも「自ら選挙の公正を害する行為をした者等の選挙権について一定の制限をすることは別」としているので、本判決の判断枠組みのもとでも、選挙犯罪者の選挙権制限（公職選挙法252条）は認められると考えられます。

　もっとも、選挙とは関係ない通常犯罪の受刑者の選挙権制限（同法11条1項2号）にまで本判決の射程が及ぶのかについては別途問題となります。この問題について、下級審では判断が分かれています。大阪高裁＊3は本判決の判断枠組みを用いて、受刑者の選挙権制限を違憲と判断していますが、広島高裁＊4と東京地裁＊5は本判決とは事案が異なるとして、本判決よりも緩やかな審査基準を用いて、受刑者の選挙権制限を合憲と判断しました。現在、東京地裁の事件の原告は控訴しており、受刑者の選挙権制限に対する本判決の射程やその合憲性については、今後の判断が待たれるところです。

　これに対して、成年被後見人の選挙権制限に関する裁判例＊6は、本判決の判断枠組みを用いて、成年被後見人の選挙権を制限する公職選挙法11条1項1号を違憲無効と判断しています（なお、この裁判例を受けて、同規定は削除されました）。

　次に、②については、精神的原因によって投票所に行くことが難しい者に関する判例＊7があります。在宅投票制度廃止事件＊8では、投票所に行かずにその場で投票できる制度（**在宅投票制度＊9**）を廃止して、復活させない立法不作為の合憲性が争われましたが、結局、立法不作為は認められず、在宅投票制度は復活されませんでした。もっとも、投票所に行くことができない者にも投票の機会を実質的に保障する必要があります。そこで、現在では、身体障害者手帳に記載された特定の障害の程度が一定程度以上の者などを対象として、その場で投票用紙に記載して、郵送する投票制度（**郵便投票制度＊10**）が設けられています。

　しかし、郵便投票制度でも、身体に障害がある者と異なり、精神的原因によ

る投票困難者は、投票所に行くことの困難さの程度にかかわらず、郵便投票制度の対象となっていませんでした。また、そうした人々が在宅のまま投票できるほかの方法も用意されていなかったので、選挙権を行使することができませんでした。そこで、精神的原因による投票困難者の選挙権行使の機会を確保する立法措置をとらなかったという立法不作為に対して国家賠償が求められました。この事件で最高裁は、本判決の判断枠組みは、精神的原因によって投票所において選挙権を行使することができない場合にも「当てはまる」としましたが、「やむを得ない事由」の有無の審査をせず、国家賠償請求も認めませんでした。

3. ほかの参政権の事案への影響

　以上のとおり、本判決は選挙権やその行使の事案に対して大きな影響を及ぼしていますが、それに加えて、選挙権以外の参政権の事案にも本判決の射程が及ぶ可能性があります。憲法は最高裁裁判官の罷免の可否を国民が審査する国民審査を定めていますが（79条2項以下）、在外選挙制度が設けられた後も、国民審査について定める最高裁判所裁判官国民審査法は在外国民に国民審査権の行使をまったく認めておらず、在外国民は、選挙の投票はできても国民審査の投票はできないままでした。

　そこで、在外国民の国民審査権行使の制限の合憲性が争われたのが、在外国民審査権事件[11]です。最高裁は、国民審査権と選挙権が「同様の性質を有する」として、本判決で示された「やむを得ない事由」の有無の審査を行い、在外国民の国民審査権の行使を可能にするための立法措置がとられていないことに「やむを得ない事由」はないので、憲法15条1項、79条2項・3項に違反すると判断しました。この判決の後、最高裁判所裁判官国民審査法が改正され[12]、在外国民も国民審査の投票を行うことができる制度（**在外国民審査制度**）が創設されたので、今日では、在外国民にも選挙権の行使だけでなく、国民審査権の行使が実質的に保障されることになりました。

　在外国民審査権事件の最高裁判決で判示されたように、選挙権と国民審査権は「国民主権の原理に基づき憲法に明記された主権者の権能の一内容」であり、その行使が実質的に保障されているからこそ、国民は主権者として政治に参加することができるのです。本判決はこうした選挙権（ひいては参政権）の実質的保障と国民主権の関係を示したという意味において、重要な判決だといえます。

[11] 最大判令和4年5月25日民集76巻4号711頁。

[12] 2023（令和5）年2月17日に最高裁判所裁判官国民審査法の一部を改正する法律が施行されました。

第Ⅲ編
リーガル・プラクティス

本編では、実践として模擬裁判を体験します。本書のこれまでの学習からもわかるように、憲法や法律もその真価が明らかになるのは裁判の場です。この裁判を模擬裁判という形で、裁判の当事者になったつもりで疑似体験してみることは、裁判の仕組みや法曹三者の役割を理解し、各当事者の立場に立った法的主張・判断の仕方を学ぶうえで、とても有効です。また、それにより事実の評価や憲法・法律の解釈が立場によって異なり得ることを学ぶことは、物事を多角的に見る能力を養うことにもつながるでしょう。

第**15**章

模擬裁判
刑事裁判を理解し、実践する

　本章では、模擬裁判でのロールプレイングを通して、裁判における事実の認定や法の適用を実践的に学びます。裁判の種類には、民事裁判・刑事裁判・行政裁判がありますが、ここでは、憲法が保障する刑事手続上の権利を学ぶことも目的として、模擬裁判の事例として、2つの刑事裁判を題材とします。

　一つは、路上で刃物を突きつけられて、現金やキャッシュカードの入った財布を奪われたという架空の強盗事件の裁判です。この事件では、被告人はアリバイを主張して、無実を訴えています。もう一つは、被告人が自らの行為に対する法律の適用を信教の自由の侵害として争っている架空の憲法裁判です。この裁判は、近年、性的マイノリティに対する権利保障が日本においても重要な論点となっていることをふまえて、今後、日本で性的指向やジェンダーアイデンティティ（性自認）に基づく差別を禁止する罰則つきの法律が制定された場合を想定しています。

　前者の模擬裁判では、刑事裁判の流れや検察官・弁護人・裁判官の役割について、疑似体験を通して理解を深めるとともに、刑事裁判の基本原則にしたがって、被告人が有罪か無罪か、有罪だとすればその刑罰の内容について、実際に判断をしてみます。後者の模擬裁判では、刑事裁判において、憲法問題が争点となった場合を想定して、憲法上の主張や反論の仕方、憲法判断の方法などを学びます。

❶ 刑事裁判の基礎知識

　　　　刑事事件の模擬裁判を適切に行うためには、刑事裁判の目的や仕組み、刑事裁判の基本原則、刑事裁判の流れなどをあらかじめ理解しておく必要があります。

1.　刑事裁判の目的・仕組み

　　　　刑事裁判とは、罪を犯したとされる人（被告人）が本当に罪を犯したのかどう

か、犯したとしてどのような刑罰を科すべきかを判断する裁判です*1。刑事裁判は、刑事訴訟法に基づいて行われ、検察官による公訴の提起（起訴）により始まります*2。民事裁判では、私人同士がお互いに対等な立場から私的な権利や利益を主張して争うことになりますが、刑事裁判では、国家機関である検察官が公益を代表する立場から被告人に処罰を求め、それに対して私人である被告人が対峙することになります。

そのため、立場の弱い被告人には、弁護人依頼権が保障され（憲法37条3項）、法律の専門家である弁護人の援助を受けることができます*3。選任された弁護人は、被告人を防御する立場から、被告人が無罪であることや、有罪であるとしても、被告人の刑が重くなりすぎないように、被告人に有利な事情を主張します。そして、裁判官は、中立・公平の立場から、公開の法廷で、検察官と被告人・弁護人双方の主張を確かめ、証拠を取り調べ、被告人の有罪・無罪および有罪の場合の刑罰の内容（量刑）を判断することになります*4。

有罪の場合でも、実刑が下される場合と情状により刑の執行が猶予される場合があります。判決に不服があれば、上訴されることもあります。実刑判決が確定すれば、刑の執行が行われることになります。刑罰の種類には、主刑として、死刑・懲役・禁錮・拘留・罰金・科料があり、付加刑として、没収があります*5。

図15-1　刑事裁判の法廷（裁判官3名の合議審の場合）

2. | 刑事裁判の基本原則

刑罰は、被告人の生命・自由・財産を奪うものであり、刑事裁判で誤った判断がなされると重大な人権侵害となります。そのため、刑事裁判の判断は特に慎重に行われる必要があり、以下のような原則が憲法や刑事訴訟法で定められています。

*1　犯罪の疑いをかけられている者は、起訴前の捜査段階では「被疑者」と呼ばれ、起訴後は「被告人」と呼ばれます。

*2　裁判官に予断を抱かせないようにするため、検察官は、公訴の提起の際、裁判所に起訴状のみを提出することになっており（起訴状一本主義）、捜査段階で収集された証拠は、公判前整理手続が行われる場合を除いて、公判の開始後に、証拠調べ請求を経て、裁判官に提出することになります。

*3　被疑者・被告人は、貧困などの理由で弁護人を選任できない場合、国選弁護人の選任を求めることができます（刑事訴訟法37条の2・憲法37条3項）。

*4　裁判員制度により、殺人や強盗致死傷、傷害致死などの重大事件では、原則として、一般国民から選ばれる6人の裁判員が3人の裁判官と一緒に刑事裁判に参加することになります。

*5　懲役刑と禁錮の両刑を一本化し「拘禁刑」を創設する改正刑法が2022（令和4）年6月に成立しました。2025（令和7）年6月1日に施行されます。

1　無罪推定の原則 ──疑わしきは被告人の利益に

　刑事手続において、被疑者・被告人は、裁判所が有罪判決を下すまでは「罪を犯していないもの」として扱われます（無罪推定の原則）。そのため、刑事裁判において、被告人が有罪であることを立証する責任を負うのは訴追者である検察官です。被告人側が無罪であることを積極的に証明する必要はありません。そして、検察官による証明は、通常の人であれば疑問を差しはさむ余地のない確実さが求められます。この証明の水準はとても高く、被告人が犯罪を行ったことに合理的な疑いがあるとき（被告人が犯人ではない現実的・具体的な可能性が残されている場合）は、裁判所は無罪判決を下さなければなりません。この刑事裁判の鉄則を「疑わしきは被告人の利益に」といいます*6。そうでないと、無実の人を誤って処罰してしまうおそれがあるためです。

2　証拠裁判主義

　刑事裁判における事実の認定は、直感や思い込みといった不確かな根拠に基づいて行うことはできません。刑事訴訟法は「事実の認定は、証拠による」（317条）として、証拠裁判主義を定めています。具体的には、証拠能力（証拠として用いられるために必要な資格）のある証拠を刑事訴訟法が定める証拠調べ手続によって取り調べ、事実を認定する必要があります。

　証拠能力との関係で、特に注意が必要なのは「自白」と「伝聞証拠」です。まず、自白とは、自己の犯罪事実の全部または主要部分を認める供述のことです。憲法は「強制、拷問若しくは脅迫による自白又は不当に長く抑留若しくは拘禁された後の自白は、これを証拠とすることができない」（38条2項）と定め、刑事訴訟法ではさらに任意性に疑いのある自白*7についても証拠能力を否定しています（319条1項）。また、自白に関しては、憲法で「何人も、自己に不利益な唯一の証拠が本人の自白である場合には、有罪とされ、又は刑罰を科せられない」（38条3項）と定められており、被告人を有罪とするには自白以外のほかの証拠（補強証拠）が必要です。

　次に、伝聞証拠とは、事実認定のもとになる事実を体験者自身が法廷で供述せず、ほかの方法で法廷に提出される供述証拠のことです。これには、①法廷外での供述が供述書や供述録取書などの書面の形で示される場合*8、②体験者以外の者が体験者から聞いた話の内容を法廷で供述する場合があります。②は、たとえば、Aさんが法廷で、「『XさんがYさんを殴るのを見た』とBさんが言っていた」と証言する場合です。この場合、Aさん自身は犯行現場を見ておらず、Bさんから聞いた話を証言しているにすぎません。①と②のいずれの場合も法廷での反対尋問を経ておらず、その信用性に疑問が残るため、原則として証拠

能力が否定されます (刑事訴訟法320条) *⁹。この原則は、憲法37条2項前段の「刑事被告人は、すべての証人に対して審問する機会を充分に与へられ」るとの規定に由来します。

＊9　ただし、刑事訴訟法上、例外も認められています (321条〜328条)。

3　黙秘権の保障

刑事手続において、被疑者・被告人には、防御のためのさまざまな権利が保障されていますが (表15−1)、その一つに、黙秘権があります。憲法は「何人も、自己に不利益な供述を強要されない」(38条1項) と定めて、自己負罪拒否特権を保障しますが、刑事訴訟法は、その保障を広げて、不利益な供述か否かを問わず、被疑者・被告人に、一切の供述を拒否する権利を保障しています (311条1項)。黙秘権が保障されないと、自白の強要が行われやすくなるためです。

黙秘権の保障により、被告人は、裁判中ずっと黙っていてもよく、答えたくない質問には答える必要はありません。また、答えないと不利益に扱われることになれば、黙秘権を保障する意味が失われてしまうため、黙秘権の行使 (黙秘) を根拠に被告人に不利益な判断をすることは許されません。

表15−1　憲法が保障する刑事手続上の権利

31条	法定の手続の保障	37条 1項	公平・迅速・公開裁判の原則
32条	裁判を受ける権利	2項	証人審問権・喚問権
33条	逮捕の要件 (令状主義)	3項	弁護人依頼権
34条	抑留・拘禁の要件	38条 1項	不利益な供述強要の禁止
35条	住居の不可侵 (令状主義)	2・3項	自白の証拠能力の限定
36条	拷問・残虐な刑罰の禁止	39条	遡及処罰の禁止・一事不再理
		40条	刑事補償請求権

3.　刑事裁判 (公判手続) の流れ

刑事事件の審理と判決は、公開の法廷 (公判廷) で行われます。公判廷には、裁判官、裁判所書記官が列席し、検察官、被告人とその弁護人が出席します。公判廷で審理を行う期日 (公判期日) に行われる手続きのことを公判手続といい、冒頭手続 → 証拠調べ手続 → 弁論手続 → 判決の宣告の順序で進められます。

4.　直接証拠と間接証拠

事実認定に用いられる証拠には、直接証拠と間接証拠があります。直接証拠とは、ある事実を直接的に立証する証拠です。たとえば、犯行の目撃証人の供述、被告人の自白などです。直接証拠は、その証拠に信用性があれば、当該事実の

表15-2　公判手続の流れ・概要

開　廷

冒頭手続	
人定質問	裁判官が被告人に人違いでないかを確認する。
起訴状朗読	検察官が起訴状を読み上げ、審理対象となる嫌疑の内容を確定し、被告人側に防御の機会を与える。
黙秘権等の告知	裁判官が被告人に黙秘権の内容などを説明する。
被告人・弁護人の陳述	被告人側が罪を認めるか否か（罪状認否）など、事件について意見を述べる。

証拠調べ手続	
冒頭陳述	検察官が証拠によって証明しようとする事実を述べる。犯行の動機・計画性・犯行の具体的な状況・犯行前後の行動など、犯罪事実に関連する事実（犯情）に加え、被告人の経歴・性格・境遇・犯罪後の情況など、量刑の判断に必要な事情（一般情状）についても述べる。 その後、被告人側も冒頭陳述を行うことができる（公判前整理手続が行われる裁判では必須）。
証拠調べの請求	検察官が証拠の取調べを請求する。その後、被告人側も証拠の取調べを請求することができる。
証拠意見・証拠決定	請求された証拠について、裁判所が相手方の意見を聴いたうえで、証拠として取り調べるか否かを決定する。
証拠調べの実施	採用決定された証拠について、検察官請求証拠 → 被告人側請求証拠の順に取り調べる。 証拠書類の朗読（または要旨の告知）、証拠物の展示、証人などの尋問を行う。
被告人質問	被告人が任意に供述する場合、被告人に供述を求める。

弁論手続	
論告・求刑	検察官が事実・法律の適用について意見を陳述し、被告人にどのような刑罰を科すべきかを述べる。
最終弁論	弁護人が意見を述べる。
最終陳述	最後に被告人が意見を述べる。

判決の宣告

＊10　間接証拠と間接事実をあわせて、情況証拠ということもあります。

＊11　間接証拠から間接事実を認定できるかは、間接証拠の信用性によります。

存在（例では、被告人が犯人であること）を認定できます（自白については、任意性と補強証拠も必要です）。一方、間接証拠とは、ある事実を推認させる間接事実を立証する証拠です＊10。たとえば、犯行に使われた凶器を被告人が所持していた事実や犯行現場に被告人がいたことを示す防犯カメラの映像などです。これらは、被告人が犯人であることを推認させる間接証拠となります。また、被告人のアリバイも（犯人であることを否定する意味での）間接証拠となります。間接事実からある事実を推認することができるかは、経験則や論理に基づいて判断します＊11。通常、単独の間接事実から合理的な疑いを差しはさまない程度の有罪立証は難しいため、複数の間接事実から総合的に判断することになります。

5. 量刑

　刑事裁判において、裁判官は、証拠に基づき認定された事実を総合的に考慮して、法律で定められた刑（法定刑）の範囲で、被告人に言い渡す刑を決めることになります。この量刑については、法律で定められた基準があるわけではなく、裁判官の裁量に委ねられていますが、考慮要素としては、犯情と呼ばれる犯罪行為自体に関する事実（犯行の動機・目的・手段・態様、被害の軽重など）とそれ以外の一般情状と呼ばれる事実（被告人の性格・年齢、前科前歴の有無、被害弁償の有無、被害者側の感情、再犯の可能性など）があります。

6. 執行猶予

　執行猶予とは、裁判官が刑の言渡しをするものの、情状（犯情と一般情状の両方を含みます）によって刑の執行を一定期間猶予し、猶予期間を無事に経過したときは、刑の言渡しの効力を失わせる制度です[12]。ただし、執行猶予をつけるためには、3年以下の懲役を言い渡す場合であることなどの要件があります（刑法25条）。たとえば、強盗致傷罪の法定刑は、「無期または6年以上の懲役」（刑法240条前段）ですが、刑法には、酌量減軽という仕組みがあり（68条）、強盗致傷罪については、法定刑を半分の「3年以上の懲役」まで減軽することが可能です。そのため、酌量減軽すべき事情があれば、強盗致傷罪の場合も執行猶予をつけることができます。

> [12] 執行猶予期間中に別の罪を犯すと、執行猶予は取り消され、元の刑罰が執行されるとともに、別の罪の刑罰も受けることになります。

② 模擬裁判の実践

1. 模擬裁判の進め方

1 模擬裁判を行う際のポイント

　模擬裁判では、参加者が疑似体験を通して、関連する法的知識の理解を深め、法的スキルを向上させることを目指します。そのため、検察官役・弁護人役・裁判官役などを務める参加者は、それぞれの役割を理解し、その役割に応じた適切な行動や発言を行う必要があります[13]。

　検察官役は公益を代表して被告人の適正な処罰を求める立場から、弁護人役は被告人を冤罪や過重な刑罰から守る立場から、それぞれの主張・立証を論理的・理性的に行います。いずれの役割も複数名で行う場合には、相互にコミュニケーションを取り、効果的な主張・立証となるように心がけます。裁判官役

> [13] 証人は、事件や被告人のことについて、自己の経験から知ることができた事実を裁判所において、宣誓のうえ供述します。その供述が「証言」と呼ばれます。ただし、すべての裁判で証人尋問が行われるわけではありません。

は、予断を抱かずに、双方の主張と証拠を整理して、検察側の立証が合理的な疑いを差しはさまない程度に達しているか否かを判断します。また、有罪判決を下す場合には、情状に基づいて執行猶予をつけるべきか否かも判断します。裁判官役を複数名とする場合は、奇数名で構成するようにし、意見が分かれた場合には、多数決で決定するようにします[*14]。傍聴人役の参加者がいる場合には、最後にフィードバックをしてもらうようにしましょう。

2　模擬裁判の座席配置

模擬裁判では、必ずしも実際の刑事裁判の法廷（図15−1）どおりに座席を配置する必要はありませんが、裁判官役、検察官役、弁護人役・被告人役が座る席を分けるとともに、証言台を別に設けます。証言台は、証人だけでなく、被告人も使用します。証人の座席は特別に設ける必要はありません。

3　模擬裁判員裁判の進行目安

事件①については、1コマ（90分を想定）で行うことも可能です。ただし、事前に本章❶「刑事裁判の基礎知識」を学習しておく必要があります。事件②については、5〜6コマ程度で行う想定です。2〜3コマ程度で行う場合は、被告人に対する法律の適用の違憲性・合憲性を主な争点として、公判準備、弁論手続、判決の宣告を中心に行うことが考えられます。なお、発展問題は、全体の時間に余裕がある場合や自分の役割分担が少ない場合などに検討してみてください。

2. ｜ 事件①──強盗事件

1　事件の概要と争点

被告人のYさんは、起訴状（図15−2）に記載されているように、強盗の容疑で起訴され、刑事裁判にかけられています[*15]。被害者のXさんは、犯人の顔の一部しか見ていませんでしたが、犯人の特徴をいくつか覚えていました。後日、警察がAさんに窃盗の前科がある近くに住む者の写真を複数示したところ、Aさんは「Yさんが犯人だと思う」と供述しました。裁判所の令状に基づいて、警察がYさんの家宅捜索を実施したところ、犯行に使われたものとよく似た果物ナイフ、上下の服、スニーカーが発見されました。また借金をしていたことを示す借用書、現金3万円あまりも見つかりました。その結果、Yさんは、逮捕・起訴されることになりました。しかし、Yさんはアリバイを主張して無実を訴えており、この模擬裁判では、被告人の犯人性が争点となっています。

なお、ここでは、便宜上、被告人をYさん、被害者をXさん、被告人の友人

起　訴　状

令和6年4月20日

東京地方裁判所　殿

東京地方検察庁
検察官　検事　○○　○○　㊞

下記被告事件につき公訴を提起する。

記

本籍　赤梅市みらい町2丁目3番地
住居　赤梅市みらい町2丁目3番4－101号
職業　飲食店従業員

勾留中　　　　　　　　Y（被告人氏名）
平成6年10月1日生

公　訴　事　実

　被告人は、通行人から金品を強取しようと企て、令和6年3月31日午後11時頃、赤梅市みらい町1丁目2番3号先路上において、徒歩で通行中のX（当時20歳）に対し、所携の果物ナイフを同人の腹部に突き付け、「おとなしく、バッグをよこせ」と申し向けて脅迫し、その反抗を抑圧した上、同人から同人所有の現金約4万円及び財布等在中の手提げ鞄1個（時価合計約7万5千円相当）を強取したものである。

罪　名　及　び　罰　条

　強盗　　　刑法236条1項

図15－2　起訴状（事件①）

証人をZさんと表記していますが、模擬裁判の実施にあたり、当事者の名前は自由に設定してもらってかまいません。起訴状記載の住所や年月日などは、架空のものです。

2　模擬裁判の役割分担・人数

　事件①の模擬裁判のシナリオでは、裁判官役3名（裁判長、裁判官A、裁判官

＊16　強盗事件の審理は合議審ではなく、裁判官1名による単独審ですが（裁判所法26条2項）、このシナリオでは、複数の人に裁判官役を経験してもらうため、合議審としています。弁護人役・検察官役を各3名にしているのも同様の趣旨からですので、減らすことも可能です。証人役2名と被告人役1名は必要です。

B）、検察官役3名（検察官A、検察官B、検察官C）、弁護人役3名（弁護人A、弁護人B、弁護人C）、証人2名（被害者X、被告人の友人Z）、被告人1名（Y）で設定していますので、12名までの参加が可能です＊16。

3　模擬裁判シナリオ

- ●検察官役・弁護人役は発言の際は起立する。▶の指示は読み上げない。
- ●証人が読み上げる宣誓書や証拠物は、図15-3・図15-4に示す（p.172-173）。

▶ 冒頭手続

①開廷・人定質問

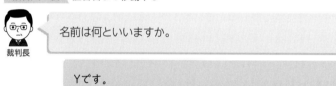

それでは開廷します。被告人は、証言台の前に立ってください。

▶**被告人Y役**　証言台まで移動する

名前は何といいますか。

Yです。

生年月日はいつですか。

平成6年10月1日です。

職業は何ですか。

＊17　人定質問では、本籍と住所の確認も行われますが、ここでは省略しています。

飲食店でアルバイトをしています。＊17

②起訴状朗読

では、これからあなたに対する強盗事件の審理を始めます。検察官が起訴状を読み上げますので、よく聞いていてください。検察官どうぞ。

▶**検察官A役**　起訴状の公訴事実、罪名および罰条を読み上げる

③黙秘権等の告知、被告人・弁護人の陳述（罪状認否）

裁判長

裁判長
検察官が今読み上げた事実について、これから審理します。ここで、被告人に注意しておくことがあります。
被告人には、黙秘権があります。答えたくない質問には答えなくてもかまいませんし、最初から最後までずっと黙っていることもできます。質問に答えてもかまいませんが、話したことは、有利な証拠にも、不利な証拠にもなります。わかりましたか。

はい。

被告人 Y

裁判長
では、質問しますが、先ほど検察官が読み上げた事実に間違いはありますか。

間違っています。私は犯人ではありません。

被告人 Y

裁判長
弁護人の意見はいかがですか。

被告人が述べたとおりです。被告人は犯人ではなく無罪です。

弁護人 A

裁判長
わかりました。被告人は元の席に戻ってください。

▶ 証拠調べ手続

④冒頭陳述

裁判官 A
検察官、冒頭陳述をお願いします。

被告人は、高校卒業後、定職に就くことはなく、現在は犯行現場近くの飲食店でアルバイトをして生計を立てています。被告人には、窃盗の前科が1件あります。
犯行当時、被告人には消費者金融からの借金があり、その返済のためアルバイトの収入だけでは生活が苦しい状態でした。
そこで、被告人は、夜間に人通りの少ない路地で、刃物を使って通行人を脅し、金品を奪うことを計画しました。
被害者のXさんは、事件当日午後11時頃、帰宅途中の路上で、上下黒色の服にフードをかぶり、白いマスクを着け、灰色のスニーカーを履いた被告人から、いきなり果物ナイフを腹部に突きつけられ、「おとなしく、バッグをよこせ」と脅迫され、現金約4万円と財布などが入った手さげかばん1個を奪われました。その後、被告人は逃走しました。

検察官 B

⑤証拠調べの請求（検察側）、証拠意見・証拠決定

裁判官A

検察官は、証拠の取調べを請求してください。

証拠書類として、警察官の捜査報告書2通、被害者のXさんの供述録取書を請求します。また、証拠物として、果物ナイフ、現金、パーカー、ズボン、スニーカーを請求します。

検察官B

裁判官A

弁護人のご意見はいかがですか。

被害者の供述調書には不同意ですが、そのほかの証拠書類には同意します。証拠物の取調べに異議はありません。

弁護人A

裁判官A

検察官、どうしますか。

被害者の供述調書については撤回し、被害者の証人尋問を求めます。

検察官B

裁判官A

わかりました。弁護人、証人尋問についてはいかがですか。

証人尋問については異議ありません。

弁護人A

裁判官A

では、検察官の取調べ請求証拠はすべて採用し、Xさんの証人尋問を行います。

⑥証拠調べの実施（検察側証拠）

裁判官B

検察官は証拠について説明してください。

▶**検察官C役**　証拠物①～⑥が被告人の自宅から発見・押収されたものであり、証拠物⑤は現金3万円あまりであること、証拠物⑥は消費者金融からの借金があることを示すものであることを説明する*18

裁判官B

では、Xさんの証人尋問を行います。Xさんは、証言台のところまで来てください。

▶**被害者X役**　証言台まで移動する

証人には、まず嘘を言わないという宣誓をしてもらいます。宣誓書を読み上げてください。
裁判官B

▶**被害者X役**　宣誓書を朗読する

*18　警察官の捜査報告書については、証拠物から省略しています。

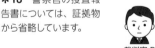

宣　誓

良心に従って、真実を述べ、何事も隠さず、また、何事も付け加えないことを誓います。

証人　　○○○○ ㊞

図15-3　宣誓書

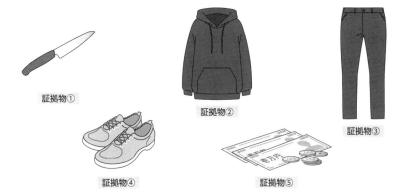

図15-4　被告人の自宅から発見されたもの（証拠物①〜⑥）

裁判官 B

いま宣誓してもらったとおり、質問には正直に答えてください。わざと嘘を言うと、偽証罪で処罰されることがありますので注意してください。

裁判官 B

では、検察官、主尋問をどうぞ。

> あなたは3月31日夜11時頃、帰宅途中に路上で強盗にあいましたね。
>
> **検察官 C**

被害者 X / **検察官 C**

被害者 X

はい。

> 犯人はどのような服装をしていましたか。
>
> **検察官 C**

被害者 X

黒色のパーカーを着て、黒いズボン履いて、灰色のスニーカーを履いた男性でした。

> 犯人の顔は見えましたか。
>
> **検察官 C**

被害者 X

犯人はパーカーのフードをかぶって、白いマスクをしていましたので、顔全体は見えませんでしたが、目元は見えました。そして、眉間に大きなホクロがありました。

> このパーカー、ズボン、スニーカーに見覚えはありますか。
>
> **検察官 C**

▶**検察官 C役**　証拠物②〜④をXさん役に示す[*19]

被害者 X

犯人が身につけていたものによく似ています。特に犯人のパーカーは、お腹の部分に大きなポケットがあるタイプだったので、被告人のものととてもよく似ています。

＊19　この模擬裁判では、拡大コピーをとって、それを示すという方法で行うとよいでしょう。

検察官 C

> このナイフに見覚えはありますか。

▶**検察官 C 役**　証拠①をXさん役に示す

被害者 X

> 犯人が持っていたものによく似ています。長さもちょうどそのくらいでした。

検察官 C

> ナイフを突きつけられたとき、どう思いましたか。

被害者 X

> とても怖くてあせりました。早くかばんを渡さないと殺されると思いました。

検察官 C

> 被告人のほうを見てください。被告人を犯人だと思いますか。

被害者 X

> はい。犯人だと思います。

検察官 C

> どうしてそう思いますか。

被害者 X

> 犯人と身長や体つきがよく似ていますし、目元がそっくりで、眉間に犯人と同じような大きなホクロがあります。声もよく似ています。

検察官 C

> 被告人のことをどう思いますか。

被害者 X

> 事件があって以来、夜道を歩くのがとても怖くなってしまいました。厳しく処罰してほしいと思います。

検察官 C

> 検察官からは以上です。

裁判官 B

> 次に、弁護人から反対尋問をどうぞ。

弁護人 B

> 事件が起きたのは夜11時頃で、あなたが強盗にあった場所は、近くに街灯もありませんでしたよね。暗いなかで、犯人のことはよく見えなかったのではないですか。

弁護人 B　被害者 X

被害者 X

> たしかに、近くに街灯はありませんでしたが、すぐそばに自動販売機があって、その明かりで犯人の目元は見えましたし、眉間に大きなホクロがあったことは覚えています。すぐに捕まえてもらうためにも、犯人の特徴をよく見て覚えておこうと意識していました。

弁護人 B
犯人の顔を見ていたのはどれくらいの時間ですか。

被害者 X
怖かったのですぐかばんを渡しましたから、ほんの数秒だと思います。

弁護人 B
あなたは、犯人の声と被告人の声がよく似ていると言いましたが、犯人の声は聞きましたか。

被害者 X
「おとなしく、バッグをよこせ」と言われました。

弁護人 B
ほかに言葉は聞きましたか。

被害者 X
それだけです。

弁護人 B
被告人の声とどのような部分が似ていますか。

被害者 X
声が少しかすれているところが似ています。

弁護人 B
被告人と面識はありますか。

被害者 X
いいえ。まったくありません。

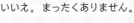
弁護人 B
あなたは、被告人が本当に犯人だと自信をもって断言できますか。

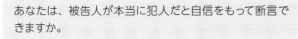
被害者 X
断言まではできませんが、まず間違いないと思います。

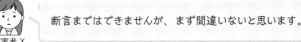
弁護人 B
弁護人からは以上です。

⑦証拠調べの請求（弁護側）、証拠意見・証拠決定

裁判長
弁護人から証拠の請求はありますか。

弁護人 C
事件があったときに被告人と一緒にいたZさんの証人尋問を請求します。

裁判長
検察官、ご意見はいかがですか。

しかるべく。＊20

検察官 A

裁判長

では、Zさんを証人として採用します。

⑧証拠調べの実施（弁護側証拠）

裁判官 A

Zさんは、証言台の前に立ってください。

▶**証人 Z役**　証言台まで移動する

▶**裁判官 A役**　Xさんのときと同様に、証人 Z役に宣誓書の読み上げを指示する

▶**証人 Z役**　宣誓書を朗読する

▶**裁判官 A役**　Xさんのときと同様に、証人 Z役に証言の際の注意事項を告知する

裁判官 A

では、弁護人から主尋問をどうぞ。

あなたと被告人はどのような関係ですか。

弁護人 C

弁護人 C　証人 Z

証人 Z

Yさんが以前働いていた職場の同僚でした。同い年で気も合うので、Yさんが辞めたあとも、よく一緒にお酒を飲んだり、遊びに出かけたりしています。

あなたは、事件当日の夜11時頃、何をしていましたか。

弁護人 C

証人 Z

その日の夜11時頃は、Yさんと一緒に私の家でお酒を飲んでいました。仕事を終えたYさんが夜9時頃に家に来て夜12時頃まで一緒でした。

間違いありませんか。

弁護人 C

証人 Z

はい。間違いないです。

弁護人からは以上です。

弁護人 C

では、検察官から反対尋問をどうぞ。

あなたは、Yさんとよく一緒にあなたの家でお酒を飲むのですか。

検察官 A

176

第15章 模擬裁判 ——刑事裁判を理解し、実践する　模擬裁判

 証人Z：はい。多いときは週に2回〜3回ほど私の家で一緒に飲んでいます。

   証人Z　検察官A

検察官A：それでは、一緒に飲んでいたのは、3月31日とは限らないですよね。日にちを勘違いしているということはありませんか。

 証人Z：それはないです。その日は私の誕生日の前日で、前祝いで一緒に飲むことになったのです。

 検察官A：事件のあった時間帯に、あなたとYさんが一緒に飲んでいたことを証明できる人はいますか。

 証人Z：いません。2人だけで飲んでいましたので。

 検察官A：Yさんはお金に困っている様子でしたか。

 証人Z：「お金がない」ということはよく言っていました。お酒もほとんど私が買っています。でも、だからといって強盗するような人間ではないと思います。

 検察官A：事件当日は、あなたの誕生日の前祝いで一緒に飲んでいたということですが、前祝いをしたのは、誕生日の前日ということで間違いないですか。

 証人Z：えっと、はい、たぶん間違いないです。

 検察官A：検察官からは以上です。

 裁判官A：Zさんの証人尋問を終わります。Zさんは元の席に戻ってください。

⑨被告人質問

 裁判官B：弁護人、ほかに証拠調べの請求はありますか。

 弁護人A：被告人質問をお願いします。

 裁判官B：検察官、ご意見はいかがですか。

177

検察官 B

異議ありません。

裁判官 B

では、被告人質問を行います。被告人は、証言台のところまで来てください。

▶被告人 Y 役　証言台まで移動する

被告人 Y
弁護人 A　　検察官 B

裁判官 B

では、弁護人から主質問をどうぞ。

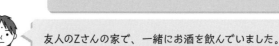
弁護人 A

事件当日の午後11時頃、あなたは何をしていましたか。

被告人 Y

友人のZさんの家で、一緒にお酒を飲んでいました。

弁護人 A

あなたの家から、果物ナイフ、フードつきの黒色パーカーと黒色ズボン、灰色のスニーカー、現金3万円あまりが見つかりましたね。

被告人 Y

はい。でも、果物ナイフも服もスニーカーも普通に売られているものですし、家にあった現金は、毎月少しずつ貯めていたものです。

弁護人 A

今回犯人と疑われていますが、どのように思いますか。

被告人 Y

以前に窃盗事件を起こして有罪判決を受けてからは、反省してまじめに働いてきたのでとても悔しいです。

弁護人 A

弁護人からは以上です。

裁判官 B

では、検察官から反対質問をどうぞ。

検察官 B

あなたは、アルバイトをして生計を立てているそうですが、収入は毎月どのくらいですか。

被告人 Y

月に12万円程度です。

検察官 B

あなたには消費者金融からの借金があり、毎月3万円の返済がありますね。

▶検察官 B 役　証拠物⑥をYさん役に示す

被告人 Y

はい。

178

そこから、さらに家賃や光熱水費、食費などの支払いがあると、ほとんど手元に残らないのではないですか。

検察官 B

被告人 Y

たしかに生活は苦しいですが、毎月少しは手元に残ります。

銀行に貯金はありますか。

検察官 B

被告人 Y

ありません。家にあった現金だけです。

検察官からは以上です。

検察官 B

裁判官 B

では、被告人質問を終わります。被告人は元の席に戻ってください。

▶ 弁論手続

⑩論告・求刑

裁判長

証拠調べは以上で終わりとして、双方からご意見をいただきます。まず、検察官から論告求刑をどうぞ。

被告人に対する本件公訴事実は、当公判廷において取り調べ済みの証拠によって、その証明は十分です。

犯人と至近距離で向かい合ったＸさんが、犯人と被告人の身長や体つき、目もと、眉間のホクロ、声がよく似ていると証言しており、その証言は信用できます。

被告人は、犯人が犯行時に使用したものとよく似た果物ナイフや上下の服、スニーカーを所持しています。

被告人は、借金を抱え、アルバイト収入だけでは十分な蓄えもできておらず、強盗の動機があります。

本件犯行時、被告人と一緒に家で酒を飲んでいたという被告人の友人のアリバイ証言については、頻繁に被告人と一緒に飲んでいることから、別の日時との勘違いの可能性が否定できず、ほかに被告人のアリバイを証言できる人もいないため、信用性に欠けます。

本件犯行は、事前に果物ナイフを用意し、人目につきにくい時間帯・場所を選んで行われた計画的で悪質な犯行です。経緯や動機に酌むべき事情は一切ありません。

奪われた現金や財布、かばんなども被害者に返還されておらず、被害者に多大な恐怖も与えました。また、被告人は犯行を否認するばかりで、まったく反省がありません。

被告人は以前にも窃盗罪で有罪判決を受けており、再犯の危険性も高いといえます。以上の事情を考慮すると、被告人を懲役4年に処するのが相当です。

検察官 A

⑪最終弁論

裁判長

続いて弁護人、最終弁論をどうぞ。

被告人は、事件当時、Ｚさんと一緒におり、そのことは、Ｚさんの証言から明らかです。
一方、Ｘさんは犯人の顔をすべて見たわけではありません。Ｘさんは、犯人と被告人の目もとや声などが似ていると証言していますが、被告人が犯人であるとは断言できておらず、その証言は信用できません。
以上のことを考えると、被告人が本件犯行にかかわっていないことは明白です。よって、被告人の無罪を主張します。

弁護人 C

傍聴人

被告人 Y

⑫最終陳述

裁判長

被告人は証言台の前まで来てください。

▶被告人 Y 役　証言台まで移動する

これで審理を終わりますが、最後に何か言いたいことはありますか。

私は犯人ではありません。信じてください。

被告人 Y

これで審理を終えます。判決言渡し期日は、〇月〇日〇時〇分、当法廷において行います。本日は、これで閉廷します。

裁判長

▶一同　起立して礼をする

4　判決の検討

　本件では、直接証拠としての被害者Ｘさんの証言の信用性をどう評価するか、間接証拠としての証拠物①～⑥から被告人が犯人であることの推認が可能か、被告人の友人Ｚさんのアリバイ証言の信用性をどう評価するかが、主な検討事項です。裁判官役は（傍聴人役も）被告人が犯人であることに合理的な疑いはないといえるかについて検討します。有罪と判断する場合は、量刑についても（執行猶予をつけるかどうかも含めて）検討しましょう。裁判官役は判決の言渡しに際しては、有罪・無罪の結論とその理由を参加者全員に説明します。

結　論	有　罪	無　罪
理　由		

有　罪　の　場　合　の　量　刑		
結　論		
理　由		

5　発展問題

　本件で仮に下記のような証拠がある場合、検察官・弁護人はそれぞれどの
ような主張をするべきでしょうか。また判決の結論は変わることになりそうで
しょうか。検討してみてください。

Q1. 被告人が犯行時刻頃に犯行現場付近にいたことを示す鮮明な防犯カメラの映像がある場合。

Q2. 被告人の自宅から発見された紙幣から被害者の指紋が検出された場合。

Q3. 被告人の自宅から被害者の財布が発見された場合
　　　（ただし、被告人は、財布は拾ったもので、あとで警察に届けるつもりだったと主張している）。

3.　事件②──SOGI差別禁止法違反事件

1　事件の概要と争点

＊21　SOGI
　SOGIとは、Sexual Orientation（性的指向）とGender Identity（性自認）をあわせた略語です。

　20××年、国会は、性的指向およびジェンダーアイデンティティ（性自認）に基づく差別を禁止する法律（SOGI＊21差別禁止法）を制定しました。この背景には、2023（令和5）年に制定された「性的指向及びジェンダーアイデンティティの多様性に関する国民の理解の増進に関する法律」（LGBT理解増進法）が理念法にとどまっており、LGBTQなどの性的マイノリティに対する差別を防止するうえで不十分であるなどの批判が一段と強まってきたこと、また国際的にも先進国を中心にこの種の差別禁止法を制定している国が多いことがありました。

　新たに制定されたSOGI差別禁止法は、日本国内で一般消費者向けに事業を行っているすべての者に対して、顧客の性的指向またはジェンダーアイデンティティを理由として、商品・サービスの提供を拒否することを禁止し、違反した場合には、50万円以下の罰金を科すものでした。

　被告人のYさんは、所有しているビルを活用して、パーティースペースの貸出業を行っていました。このパーティースペースは、窓からの景色がよく、内装もおしゃれで、音響設備も充実していることから、結婚記念パーティーによく利用されていました。一方で、Yさんは、カトリック教徒で、宗教的理由から、同性愛を否定し、同性婚には反対する信念を持っていました。

　SOGI差別禁止法の施行から約半年後、同性カップルのAさんとBさんが結婚情報サイトを見てここを気に入り、Yさんの事務所を訪れ、結婚（事実婚）を祝うパーティーの開催のために、貸出を申し込んだところ、Yさんは、宗教的理由から「同性婚を祝うためのパーティーには貸し出せない」としてこれを拒否しました。その結果、YさんはSOGI差別禁止法に違反したとして起訴され、刑事裁判にかけられることになりました。Yさんは、法律違反の行為をしたことについては争うつもりはありませんが、SOGI差別禁止法自体が憲法違反ではないとしても、宗教的理由に基づく自らの拒否行為に同法を適用することは憲法違反であるとの主張を行いたいと考えています。

2　刑事裁判における憲法訴訟

　国民に永久不可侵の基本的人権を保障している憲法は、国の最高法規であり（憲法98条）、それを最終的に担保する仕組みが違憲審査制度です（同81条）。憲法違反の争点が提起されている訴訟のことを憲法訴訟といいますが、日本の付随的違憲審査制のもとでは、憲法違反の争点は通常の刑事裁判・民事裁判・行政裁判において提起され、各事件の解決に必要な限度で、各訴訟手続にしたがっ

て、裁判所が判断することになります。

　刑事裁判においては、被告人の行為を処罰する根拠となっている法令自体が憲法に違反する場合（文面上違憲）あるいは法令自体は憲法違反とはいえなくても被告人の行為が憲法で保障された行為であり、その法令を被告人の行為に適用することが憲法違反といえる場合（適用上違憲）には、裁判所は被告人に無罪判決を言い渡さなければなりません。したがって、本件では、Ｙさんが考えているように、仮にSOGI差別禁止法のＹさんの行為への適用が憲法違反であれば、Ｙさんは無罪という結論になります。

3　本件における検討事項

　本件で、Ｙさんの行為へのSOGI差別禁止法の適用が違憲であると主張するためには、まずＹさんの行為が、憲法で保障されたどのような人権の行使といえるかを考える必要があります。Ｙさんの仕事自体は、通説によれば憲法22条1項・29条で保障された営業の自由により保障されているといえますが、ここでのポイントは、Ｙさんの拒否行為が宗教的理由に基づいているという点です。

　宗教に関係する人権として、憲法は20条で信教の自由を保障しています。では、信教の自由の保障内容には、どのような自由が含まれるでしょうか。宗教的理由（信仰）に基づいて、宗教に中立的な一般的法義務（特定の宗教や宗派をねらい撃ちにしたものではなく一般的に課される義務）を拒否することはそれに含まれるでしょうか。含まれるとした場合、どのような問題が発生し得るでしょうか。もし拒否が認められるとすれば、それはどのような場合でしょうか。本件はそのような場合に当てはまるでしょうか。また、拒否の理由が真に信仰に基づくものか否かは、どのように確かめられるべきでしょうか。その確認を裁判所が行っても、政教分離の原則[*22]に違反しないでしょうか。

　弁護人役・検察官役は、上記のような論点を検討したうえで、憲法上の主張・反論などをする必要がありますし、裁判官役も判決を下すにあたり、こうした点について判断を示す必要があります。

　本件のような憲法問題が直接争われた事例は今のところありませんが、近い事例としては、「エホバの証人」剣道実技拒否事件[*23]があり、最高裁は自己の宗教に反する義務の履行を強制されない場合があることを認め、宗教上の理由から必修科目の剣道実技を拒否した高等専門学校の生徒に対する学校長の留年・退学処分を違法と判断しています。本件の検討にあたり、事例の違いも意識しながら、判決文を読んで検討してみましょう。

[*22] 政教分離については、第4章（p.38）を参照してください。

[*23] 最判平成8年3月8日民集50巻3号469頁。

4　模擬裁判の進め方

　事例設定では、SOGI差別禁止法違反に対する刑罰は罰金50万円以下ですので、実際に裁判が行われる場合は、簡易裁判所の管轄となり、裁判官1名の単独審となります。ただし、ここでは模擬裁判のため、裁判官役が3名あるいは5名以上の奇数人数の合議審としてかまいません。被告人役は1名としますが、弁護人役・検察官役の人数に特に制限はありません。また、証人尋問を行うこととして、真摯な信仰に基づく拒否であることを証言する被告人側の証人役を1名、検察側の証人としてSOGI差別禁止法の重要性と本件被害の重大性を証言する被害者役1名または2名を設定します。証人尋問に際しては、それぞれの立場から裁判官の心証形成に有利になるような証言を引き出すように心がけます。

表15−3　模擬裁判の進め方 (例)

		実施内容の例	備考・注意点
1コマ目		▶事例の理解、憲法訴訟の理解、役割分担の決定。 ▶「エホバの証人」剣道実技拒否事件判決の調査。	●判決調査はすべての役で実施する。
2コマ目		▶【公判準備】	●起訴状作成にあたっては、事実関係を適宜補足する (検察官役が弁護人役に提案し了解を得る。意見が一致しない場合は裁判官役が調整する)。 ●裁判官役も被告人質問をする。 ●時間が足りない場合はもう1コマ設定する。
	被告人弁護人役	被告人の行為が憲法で保障されており、SOGI差別禁止法の適用が違憲であることの主張を準備する。被告人側の証人への質問内容を証人役と検討する。罪状認否の文案を検討する (法律の適用が違憲であるため無罪と簡潔に主張する)。被告人質問の内容を検討する。	
	検察官役	起訴状を作成する。被告人・弁護人役の憲法上の主張に対する反論を準備する。被害者証人への質問内容を被害者役と検討する。被告人質問の内容を検討する。	
	裁判官役	被告人する質問の内容、判決の見通しを検討する。	
3コマ目		▶【冒頭手続】の実演 　事件①の冒頭手続を参考に、裁判官役・被告人役・検察官役・弁護人役が実演する。	
		▶【証拠調べ手続】の実演	●証拠書類の作成は不要。
	検察官役	冒頭陳述を実施する。証拠調べを請求 (被害者の証人尋問) する。被害者証人への主尋問を行う。	
	弁護人役	被害者証人への反対尋問を行う。証拠調べを請求する (被告人側の証人尋問、被告人質問)。被告人側証人への主尋問を行う。	●裁判官役も、各証人に対して、検察官側・弁護人側双方の尋問が終わった後に質問 (補充尋問) を行ってもよい。
	検察官役	被告人側証人への反対尋問を行う。	
	弁護人役	被告人への主質問を行う。	
	検察官役	被告人への反対質問を行う。	
	裁判官役	事件①の証拠調べ手続を参考に、手続きを進行するとともに、最後に被告人への質問を行う。	●裁判官からの被告人への質問は、「私からも質問があります」と発言して始め、「私からは以上です」で終わってください。

	実施内容の例		備考・注意点
4コマ目	▶【弁論手続】の実演		● 違憲性に関する主張は、ディベートのように、主張→反論→再反論と繰り返してもよい。
	検察官役	被告人へのSOGI差別禁止法の適用が憲法違反ではないことを主張する。	
	弁護人役	被告人へのSOGI差別禁止法の適用が憲法違反であることを主張（反論）する。	
	検察官役	論告・求刑を行う。	
	弁護人役	最終弁論を行う。	
	被告人役	最終陳述を行う。	
	裁判官役	手続きを進行し、弁論手続終了後は、判決を検討する。	
5コマ目	▶【判決の宣告】の実演と振り返り		● 裁判官への質問は実際の裁判では行われません。
	裁判官役	判決の結論（主文）と判決の理由（被告人へのSOGI差別禁止法適用の違憲性・合憲性）を言い渡す。	
	検察官役 弁護人役 被告人役 証人役	裁判官への質問をする。またそれぞれの立場から振り返りのコメントをする。	

被告人・弁護人役の主な検討事項

法律適用の違憲性	
被告人側証人への質問内容	
被告人質問の内容	

検察官役の主な検討事項

法律適用の合憲性	
被害者証人への質問内容	
被告人質問の内容	

裁判官役の主な検討事項

被告人質問の内容	
判決の結論（主文）	
判決の理由 （法律適用の違憲性・合憲性）	

5 発展問題

　本件が仮に下記のような事例であった場合、検察官・弁護人はそれぞれどのような憲法上の主張をするべきでしょうか。また判決の結論は変わることになりそうでしょうか。検討してみてください。

Q1. Yさんが SOGI 差別禁止法自体を憲法違反であると主張している場合。

Q2. Yさんが宗教的理由ではなく、伝統的結婚観を支持する世俗的信念に基づいてパーティースペースの貸出を拒否した場合。

Q3. Yさんの仕事が、カップルの要望に応じて、それぞれの生い立ちから、出会い、結婚に至るまでの過程を写真や動画、音楽をまじえて表現するウェディングムービーの製作・販売（表現行為）である場合。

Q4. SOGI 差別禁止法違反に対する制裁が刑事罰ではなく、法務大臣が指定する団体による SOGI に関する研修の受講である場合。

判例索引

事項索引

編著者紹介

大 林 啓 吾（おおばやし けいご）

慶應義塾大学大学院法学研究科博士課程修了
現在　慶應義塾大学法学部教授

[主著]

● 大林啓吾編『コロナの憲法学』(弘文堂、2021年)〔共著〕
● 大林啓吾編『アメリカの憲法訴訟手続』(成文堂、2020年)〔共著〕

手 塚 崇 聡（てづか たかとし）

慶應義塾大学大学院法学研究科後期博士課程単位取得退学
現在　千葉大学大学院社会科学研究院教授

[主著]

● 手塚崇聡『司法権の国際化と憲法解釈――「参照」を支える理論とその限界』
(法律文化社、2018年)〔単著〕
● 駒村圭吾編『プレステップ憲法[第3版]』(弘文堂、2021年)〔共著〕

小 林 祐 紀（こばやし ゆうき）

慶應義塾大学大学院法学研究科博士後期課程単位取得退学
現在　琉球大学大学院法務研究科准教授

[主著]

● 大沢秀介・大林啓吾編『アメリカ憲法と民主政』(成文堂、2021年)〔共著〕
● 大林啓吾・小林祐紀編『ケースで学ぶ憲法ナビ[第2版]』(みらい、2021年)〔共著〕

基礎演習ゼミ 憲法

2024年4月1日　初版第1刷発行

編 著 者	大林 啓吾	
	手塚 崇聡	
	小林 祐紀	
発 行 者	竹鼻 均之	
発 行 所	株式会社みらい	
	〒500-8137　岐阜市東興町40　第五澤田ビル4階	
	TEL 058-247-1227 (代) FAX 058-247-1218	
	https://www.mirai-inc.jp/	
組 版	松田 朋子	
印刷・製本	株式会社太洋社	

ISBN978-4-86015-625-1　C3032　　　乱丁本・落丁本はお取り替え致します。
©2024 printed in japan